华夏智库·新经济丛书

共生经济

——消费创富时代下的选择与生长

罗小林◎著

经济管理出版社

ECONOMY & MANAGEMENT PUBLISHING HOUSE

图书在版编目（CIP）数据

共生经济——消费创富时代下的选择与生长/罗小林著 . —北京：经济管理出版社，2017. 9

ISBN 978 - 7 - 5096 - 5214 - 5

Ⅰ . ①共… Ⅱ . ①罗… Ⅲ . ①消费经济学 Ⅳ . ①F014. 5

中国版本图书馆 CIP 数据核字（2017）第 153778 号

组稿编辑：张　艳
责任编辑：杨国强　张瑞军
责任印制：黄章平
责任校对：王纪慧

出版发行：经济管理出版社
　　　　　（北京市海淀区北蜂窝 8 号中雅大厦 A 座 11 层　100038）
网　　　址：www. E - mp. com. cn
电　　　话：(010) 51915602
印　　　刷：玉田县昊达印刷有限公司
经　　　销：新华书店
开　　　本：720mm × 1000mm/16
印　　　张：11. 25
字　　　数：143 千字
版　　　次：2017 年 9 月第 1 版　2017 年 9 月第 1 次印刷
书　　　号：ISBN 978 - 7 - 5096 - 5214 - 5
定　　　价：39. 80 元

目　录

导　言

生物学启示：从共生自然到共生经营

在生物学中，"共生"的概念是：生物在长期进化过程中，逐渐与其他生物走向联合，共同适应复杂多变环境的一种生物与生物之间的相互关系。共生，既具有组织过程的一般特征，又具有共生过程的独特性。它不是共生单元之间的相互排斥，而是相互激励中共同合作进化。这种合作进化不仅可能产生新的单元形态，而且可能产生共生能量和新的物质结构，表现为共生个体或共生组织的生存能力和增殖能力的提高，体现了共生关系的协同作用和创新功能。但是共生不排斥竞争，它不是自身性质和状态的摒弃，而是通过合作性竞争实现单元之间的相互合作和促进。这种竞争是通过共生单元之间功能的重新分工定位与合作而实现的。

这段阐述，不仅精准地概括了共生作为一种生物现象的本质特征，也为人类在社会生活中解读共生现象、指导共生行为提供了参照标准和行动指针。事实上，共生理念受到了许多国家不同学科和不同领域的关注。自 1966 年艾德勒在《哈佛商业评论》上发表

《共生营销》一文后，关于协同营销、联合营销、合作营销之类的说法就与企业实践联系起来。2004 年，哈佛商学院企业专家马克·英西蒂和罗伊·莱维恩经过 10 多年的跟踪研究，合著出版了《关键优势：新型商业生态系统对战略、创新和持续性意味着什么》一书，指出同自然界的生态系统一样，商业界也存在着自己独特的生态系统。这一思想对企业营销创新进一步产生了积极的刺激作用。共生理念是一种生存方式和生活态度。社会的进步，就在于改善人的共生关系，力求和谐共处；而经济的发展，就是要优化共生关系，在共生中创造财富。

共生理念在现实中最为经典的应用就是共生经济。以同类资源共享或异类资源互补为目的的共生经济，旨在改善资源结构、分散或降低风险、缩短创新周期、扩大创新空间、减少无效投资、降低交易成本，是自然界共生现象最成功的社会实践。而共生经济下的消费投资与消费创业，是基于共生思想之上的一种经营方式。从某种意义上说，二者所创造的财富，在最大限度上实现了共生经济的终极指向——提高资源配置效率。从自然界的共生现象到社会领域的共生经济，是人类对原态共生这一"脚本"最为智慧的化用；共生经济下的消费投资与消费创业，则是消费创富时代的必然选择与自我成长。毫无疑问，无论是共生关系下的社会进步，还是优化共生关系的经济发展，尽在其中。

从中国企业的整体视角看，企业在压缩式发展进程中几度经历了深陷竞争僵局的困境，作为突破竞争僵局的着力点，协同营销、共生营销进入了企业经营者的视线，企业在实践中也经历了纵横协同的尝试，如价值链上下游协同、跨行业互补式协同、企业间嵌入式协同、区域模块化制造、行业内联合图存等，这些都是共生的不同尝试方式。"新常态"下，"互联网＋"更为企业提供了无限协同的可能。与之前明显不同的是，原来的协同营销本质上还是一种竞争关系，而新的共生经营则更接近于竞争的价值创新本质。互联网科技带来的这场社会变革，使得中国企业"超越竞争"的夙愿成为可能。

将视角聚焦于再分配领域，消费资本的发现使在生产、流通、消费各环节上建立利益机制成为可能。世界新经济研究院院长、著名经济学家陈瑜教授的"消费资本化"理论，为我们提供了一个崭新的视界。其核心内容是将消费向生产领域延伸，消费者购买企业产品，企业视此为对本企业的投资，然后按一定的方式把企业利润返还给消费者，于是消费者同时又是投资者，消费转化为资本，同时消费者因参与这种返利而成为消费商。这种由消费资本形成的利益再分配机制，能够通过增加普通人的收入达到缩小贫富差距、推动消费能力的目标。因此，消费资本应起导向作用，引导别人的意义在于打造消费者联盟，引导自己的意义在于使自己由普通消费者变为消费商。

消费资本利润再分配机制的建立需满足三个条件：一是自愿参加主动消费模式的消费者群体。这就要求消费者在改变传统消费观念之前改变消费行为。二是自愿给付消费资本利润的工商企业群体。这就要求企业发现和培养消费商来参与企业的返利模式。三是把以上普通消费群体和企业整合起来。这就要求有合法、合规的中介经营者，消费商要在中介过程中通过投资、创业等形式实现财富再分配，所以，消费商要拥有中介与经济学整合思维。

显然，这是一门新学问。

基于上述，在 8 年前我就大胆地去尝试和探索企业与股东、员工、客户、供应商等共生共存的相互关系，在过往复杂商业体系和人际关系中寻找更加完美的共生关系，构建以满足市场需求为导向的共生营销，打通企业管理走向稳健发展的共享道路，获取更大社会效益和经济效益。同时，我在全国进行了以"共生、共荣、共享"为主题的高峰论坛 14 场，得到了广大企业经营管理者的高度赞扬和肯定。在当下社会发展进程中，在"大众创业、万众创新"战略，互联网＋（电商）、移动互联网＋（微商）、万物物联、分享经济、共享经济等背景下，我编著本书的主旨是告诉人们：在消费的同时也能创造财富。如何抓住时代造就的机遇，从消费者转换成消费商，就看能否快速融入亦消亦商模式和顺应时代的趋势了，亦消亦商模式已成为必然趋势。同时，启发企业家、创业者与时俱进，顺应趋势，站在共生共荣制高点上思考商业模式创新和突破，把顶层设计再造建立在共享资源、分享经济、合伙创业、消费生态、社群关系的基础上，完成与趋势无缝对接，推动企业健康发展。

最后感谢大家阅读此书，在人生道路上迈出新步伐，用共生、共荣、共享的相互依存关系，形成健康分享经济生态圈，成就更多卓越品质的民族世界品牌。

写于中国美商·财富峰会（福州）

第一章　共生经济的本质：
共生、共享、共赢、共富

实现共同富裕，是全面建成小康社会和实现中华民族伟大复兴的中国梦的必然要求。党的十八届三中全会提出："紧紧围绕更好保障和改善民生、促进社会公平正义深化社会体制改革，改革收入分配制度，实现共同富裕。"这一论断表明了我们党实现共同富裕的决心和信心。实现共同富裕是一个长期的过程，在这个过程中，要先实现"共生"，然后实现"共享"和"共赢"，最后才能实现"共富"。

共生：实现共同富裕的首要前提

所谓"共生"，在自然界中指不同生物之间所形成的紧密互利关系，在社会经济领域指一方为另一方提供有利于生存帮助的同时也获得对方的帮助。共生具有自身独特的哲学基础和精神底蕴，体现在社会经济领域，它就是实现共同富裕的首要前提。

1. 共生的哲学基础和精神底蕴：共生为魂

探讨共生的哲学基础和精神底蕴，对于我们理解"共生是实现共同富裕的首要前提"这一命题具有积极意义。因为，共生不仅要协调经济利益，实现共同富裕，还应该有认识论作为基础。前者属实体性，后者属学术性，二者相辅相成，无哲学指导则无以明方向、辨是非，故在此探讨一下共生的哲学内涵。

共生的哲学内涵具有独立性，强调一体、创生、共存、超越，具体如表 1 - 1 所示。

表1-1 共生的哲学内涵

事项	内　容
一体性	共生概念是对事物发展规律的高度概括，尤其是同体共生，更是宇宙创生的最高形式。从共生的视角来看，存在就是一个"内在和谐"的共生体。因此，共生思维天然地具有广阔的思想视域——任何简单的敌对关系，或者相生相克关系。讲一步讲，敌对关系，相生相克关系，皆囿于限定时空，是某一层面的描述，而且这种描述不可避免地戴上了有色眼镜，只要将原来的敌对或相生相克关系放在更高层次，在更为宽广的领域予以透彻考察，就会发现这些关系都可以被同体共生关系所统摄
创生性	共生思维要求我们在事物发展过程中，要充分发挥创造力，对事物的存在足够尊重，并积极寻求和解的技艺，在可能的情况下达成同体共生。共生，实际上可以看作是寻求和解的技艺。在创造性解决对立或者敌对关系中，尤其要注重兼顾时空与事物之间的关系。有学者研究指出，共生演化具有以下特征：多重因果的、多层嵌套的、非线性的，同时也是正反馈的、路径依赖的、有机响应的。总之是在告诉我们，不能用简单机械的思维去看待共生现象。这实际上暗示我们，研究共生现象的全新思维至今尚未完全建立，还有待逐渐丰富深化
共存性	在事物发展的阶段性成果上，共生可以导致主体层面的新生。若要引起主体层面的新生也就是同体共生，其关键系于对立面的保存，也就是说，如果失去了自己的"敌人"，则自己也会失去存在的条件意义。几乎没有一种思想，能够像共生这样如此积极主动地正视矛盾，重视"敌对"关系——从共生的视角来看，敌对关系，就是事物存在最大的财富。这正验证了"机遇与挑战并存"的俗语，它意味着越是矛盾重重的地方，就越富有事物重生或转机的可能。在方法论上，这就要求实践共生的主体，要尊重对立面，小心谨慎地处理对立面，甚至将"对立面"视为另一个自己。从共生的角度来讲，失去了对立面，最坏的可能是意味着死亡，其次就是失去了一个共生的机会，以及更为广阔的生存空间和发展道路
超越性	共生，成功超越了功利主义，是可以经得起实践检验的，富有生命力的价值理念。马克思说："'思想'一旦离开'利益'，就一定会使自己出丑。"一般意义上的功利主义，也就是效率价值，是检验某一理论是否成功的试金石。真正超越功利主义，不是否定功利，而是满足功利主义的基本条件，寻求更高层次的发展。共生在整个过程中从来就没有与利益发生过冲突，甚至可以这样说，共生就是力图使自己成为谋求价值最大化的最佳方法。在共生世界中，利益并不存在于别处，而正在于共生关系本身

对于共生哲学的积极意义，复旦大学访问学者、全球共生研究院发起人钱宏在《共生经济学》一书的"跋"中说：有人说"共"字可怕，被共怕了，我认为"共"之所以可怕，不在共，而在共什么？是共结果，还是共过程抑或是共一种天然的权利？共生落脚在过程，在生，生命的生、生产的生、生活的生、生态的生，生机无限，重在生之智慧，无法偷懒，但也不是遥不可及。因此，钱宏强调，人类从来没有过不去的坎，从来不缺乏大智慧、大勇气、大慈航，只是一时被巧取豪夺"权、钱、性"三个字的谋略性智慧蒙蔽了心灵及双眼，而陷入"忙、盲、茫"境地，只要越来越多的当代人觉醒，从自己"去蔽"开始，共生原德的大智慧、大勇气、大格局就必将会显现出来。钱宏认为，公民共生体的重心，在于发挥公民与社会的两大自组织力，强调公民、社会、政府三大自组织力相互作用，强调尊重每一个个体生命对于人类生产、生活、生态的价值，强调公民共生体作为国家的基本组织形态。用共生价值观导航一切硬道理，回归人类身心自然、自由、自在地休养生息，是我们的出发点和终极目标。

习近平在清华大学举办的世界和平大会上曾说过："谋求自己过得好，也必须让别人过得好！"这就是我们这个时代需要的灵魂，这个灵魂的哲学表达就是两个字——共生。从思维方式看，共生思想超越了传统观念中"道不同不相为谋"的封闭狭隘的局限，提倡道不同亦相为谋。共生思想是对人类哲学伦理观、价值观、世界观的突破与整合。共生思想催生了共生经济，它是共生经济的哲学基础和精神底蕴。

2. 共生的社会意义：实现共同富裕的前提

共生的社会意义就是大家共同生存，是指全体社会成员只要有劳动能力、劳动意愿，都能够体面地生存，没有生存危机或者生存困境。对于丧失劳动能力的人，政府则给予基本的生活救助，也无冻饿之虞。事实上，尽管我国居民生活已经在总体上达到小康水平，但无论在农村，还是在城市，都存在少部分生活困难的群众，特别是西部地区还存在较多生活困难的群众。孩童、老人饿死的报道虽然是极端事例，但与我们的时代极不相称，这也从一个侧面反映了在物质财富高度发达的今天，有些人还存在基本的生存危机。党的十八大以来，习近平同志多次强调要有底线思维，补上短板，兜住底线。这种解决所有人的基本生活的问题，即"共生"问题，是底线思维的具体体现。的确，木桶的容量取决于最短的那块木板。同样，要实现"共富"，首先要做到保底，"共生"就是保底。

当前的"共生"，就是要让最底层人群与其他阶层一样，共同享有最基本的生存权利，让全体社会成员都能有尊严地生活。具体来说，需要解决下列问题：

第一，解决困难群体的温饱问题。根据美国著名社会心理学家马斯洛提出的人的五大层次需求理论（生理需要、安全需要、爱与归属的需要、尊重的需要、自我实现的需要），生理需要（衣、食、住、行等）是最基本的需求，解决温饱问题是人获得生存的基本前提。然而直到今天，我国还有极少数人的温饱问题，即基本生活问题没有得到解决。要实现"共生"，就应该先帮助那些生存都成问题的绝对贫困人群实现温饱。我国绝对贫困人口主要分布在中西部相对落后地区，造成这些地区经济落后的主要原因有自然条件恶劣、交通不便、信息闭塞、人口素质低下等。

要解决少数困难群体的温饱问题，需要在以下几个方面做出努力，如表1-2所示。

表1-2　解决少数困难群体温饱问题的措施

内容
在转变发展方式上下功夫，要由靠农业带动经济发展的模式转变为由服务业带动经济发展的模式
增加资金的投入，既包括国家无偿援助金和物资的投入，也包括社会慈善机构以及先富者的资金捐赠，特别是增加对教育、医疗、卫生等社会事业的资金投入
加大贫困地区公共设施建设
严格控制贫困地区人口数量，提高人口素质

第二，解决困难群体的就业问题。就业是民生之本，只有充分就业才能保证劳动者的收入，在中国传统文化中，把有工作叫作"有饭碗"，丢掉工作就是丢掉"饭碗"，就业关系到人的生存问题。因此，要实现"共生"就必须先解决好就业问题。

解决就业问题的根本在于大力发展经济。一般而言，经济发展越快，就业增长率越高。当前可以从如下方面着手，如表1-3所示。

表 1-3　当前解决困难群体就业问题的措施

内容
大力发展第三产业和新兴产业
培训农民工，提高农民工素质
转变大学生就业观念，鼓励大学生就业与创业并重，增强自主创业能力

第三，健全社会保障体系。健全社会保障体系，建立完善的社会保障制度是社会稳定和国家长治久安的重要保证，是促进社会公平的平衡器。党的十八大报告中指出："统筹推进城乡社会保障体系建设，要坚持全覆盖、保基本、多层次、可持续方针，以增强公平性、适应流动性、保证可持续性为重点，全面建成覆盖城乡居民的社会保障体系。"完善社会保障体系，才能保基本，保民生，促公平，实现社会"共生"。

目前，我国社会保障体系存在覆盖面小、实施范围窄、统筹层次低、法律不健全、监督执法系统不完善等一系列有待解决的问题。因此，完善社会保障体系，可以从如下方面着手，如表 1-4 所示。

表 1-4　完善社会保障体系的措施

内容
扩大社会保障的范围，特别是扩大农村最低生活保障、养老保障、农村医疗保障以及失业保障的覆盖范围
建立健全多层次的社会保障体系，内容包括社会保险、社会救济、社会福利、优抚保障、安置保障、商业保险和多种形式的补充保险以及住房保障
加强我国社会保障体系的法制建设，保证我国社会保障建设事业有法可依

共享：共生经济的价值共享方式

所谓"共享"，是把自己的资源及收集到的资源通过一定的方式共享给大家。共享是共生经济的核心理念之一，共生经济主张通过组织之间的同类资源共享或异类资源互补来实现共享价值，因此共享是共生经济的价值共享方式。

1. 共享与共生——唯有共生，才能共享

共生与共享是共生经济的两个至关重要的因素，因为二者意味着对机会的可持续的选择。

在生存竞争中，仅凭出众的预见能力并不足以让你持续成功，必须能够在预见的基础上，构建出持续发展新事业的能力并使之转换为市场成功的行动。尤其是在互联网时代，商业机会犹如雨后春笋般萌生，财富转移和积聚的速度前所未有，新的创富者和创业者层出不穷，创业及创新如大潮般蓬勃雀跃。但是，冷静地观察就会发现，真正能够在大潮中成为弄潮儿的少之又少，为什么？其实不是这些创富者和创业者的创意不够，不是他们没有发现市场机会和顾客的价值，也不是他们无法获得资金的支持，更不是他们的毅力和吃苦精神不足，关键在于，他们选择的不是持续性，不是共享与

共生，他们只是在选择一个机会。

毫无疑问，机会不会让你持续成功，因为机会稍纵即逝，唯有共生成长才可让相关成员实现共享价值，成功才可持续。

2. 共享的条件与价值共享运作机制

共享的条件需要具备独特的基本元素、网络平台和文化基础，三者结合在一起形成了价值共享运作机制，如表1－5所示。

表1－5　共享的条件与价值共享运作机制

事项	内容
基本元素	基本元素包括出租者、购用者、第三方及其提供的网络信息平台、标的物、相关媒体、政府监管者等。交易主体是包括出租者和租借者在内的交易方，可能是个体，也可能是企业或组织机构。个体层面，以受过一定教育、安全感较强的网络用户群体为主，且年轻人居多，因其对网络平台的信息较为信任
网络平台	网站是共享的支撑性平台，主要在于提供租借，而非买卖。作为中介枢纽，处于第三方的共享网站如共享服务网站、智能手机、社交网站、在线支付等，将规定系列交易规则、进行参与者背景审查、发布供需信息、发挥协调功能，降低了参与者之间的交易成本，使得共享比以往更加便宜、便捷，因此使分散的交易具备了形成更大规模的可能性。比如，网站信息平台为供求双方提供结对机会，可以直接将供需双方连接起来；带有GPS定位功能的智能手机可以让需求方了解供给方提供的信息乃至具体的物貌；社交网络平台提供了查看他人并建立信任的途径；在线支付系统解决了资金交付的繁杂事务。共享方式除了借助网络平台的点对点交易和单一供给者的规模化出租外，还可以采用俱乐部形式，即每个成员都提供一定的信息或捐献一份财物，从而使每个成员都可以共享全部集体信息和财物借助网络实现共享也是共享的基本特征。通过公共网络平台，人们对企业数据采取一种终端访问的形式。就企业内部而言，员工不仅能访问企业内部数据，还可将电脑、电话、网络平台全部联通，让办公更便捷；就企业外部来说，智能终端便携易用、性能越来越强大，让用户使用这些设备来处理工作的意愿越来越强烈。例如，房屋出租网架起了旅游人士和家有空房出租房主的合作桥梁，用户可通过网络或手机应用程序发布、搜索度假房屋租赁信息并完成在线预定程序

续表

事项	内容
文化基础	共享的文化基础是分享、合作、互助，这就需要有一定规则保障这一文化：一是"清晰界定范围"，即哪些人被允许从共享中获得使用权，哪些人则无此权限；二是建立限制时间、地点、技术以及资源质量的使用权获取制度，同时建立一套有关劳动力、物资和资金数量的规则；三是建立违反规则制裁机制，但需防止过度惩罚，避免受罚者消极抵触；四是建立低成本、私下调解的快速应对机制，以便迅速化解发生在所有者之间以及所有者和管理者之间的矛盾冲突。当然，共享团队内部的规则必须合法，且受到相关政府部门的认可

3. 移动互联网时代下价值共享的内涵

著名教授、企业家、作家陈春花在其专著《经营的本质》中说：创造本身一定与时代的价值共识有关，这是企业可否永续经营的命门。在移动互联网时代下，知识的进步倍速提高、信息的传播倍速加快，给企业经营者留下的学习、反思时间，无疑也倍速压缩了。

移动互联网是价值共享的基础。移动互联网是移动通信和互联网融合的产物，人们通过使用无线智能终端（手机、PDA、平板电脑、车载 GPS、智能手表等），可以实现在任何时间、任何地点，以任何方式获取并处理信息的需求，这是人的信息输入的重要端口。物联网是指通过智能感知技术、网络通信技术、数据融合技术，按约定的协议，将某一单位（区域内或行业内）的物品进行信息编码并输入全域互联网系统，从而实现各相关物品的信息连接和融通，是物的信息的重要输入端口，与云计算平台相互连接。3D打印是通过 SAT 和制造技术相融合，将设计好的物体转化为三维设计图，采用分层加工、叠加成形的方式逐层增加材料来打印真实物体，也称为增材制造。3D 打印的推广使得分布式小规模生产成为可能，3D 打印设备成为分布式价值创造的重要端口。云计算是一种基于互联网的 IT 服务模式，指利用分布式计算和虚拟资源管理等技术，通过网络将分散的资源（包括计算与存储、应用运行平台、软件等）集中起来形成共享的资源池，并以动态按需和可度量的方式向用户提供服务，是信息转换的重要方式，可以与信息及分布式价值创造等输入端口有效融合。虚拟货币也称为数字化货币，是指能够流通于网络与现实社会之间的，具有现实兑换能力、社区协同性、去中心化等特点的货币，是"互联网＋"时代线上或线上与线下价值交换的重要媒介。

此外，随着消费需求的升级，人们对社交性和成就感的需求越来越多，也渐渐认识到他们所需要的并非事物本身，而是事物所带来的使用价值。"占有"不再是人们最看重的一个价值指标，其重要性让位于环境质量、社会关系等幸福指数。因此，使用权胜过了所有权，可持续性取代消费主义，合作压倒了竞争，资本主义市场中部分"交换价值"正被协同共享中的"共享价值"取代。

随着移动互联网的发展，尤其是近年来"互联网＋行动计划"和"大众创业、万众创新"的推进，共享已经成为众多创业者的重要选择，从在线创意设计、营销策划到餐饮住宿、物流快递、资金借贷、交通出行、生活服务、医疗保健、知识技能，再到科研实验，共享经济几乎已经渗透到所有的领域。这说明，在知识进步倍速提高、信息传播倍速加快的移动互联网时代，企业必须寻找到可持续性，使组织具有可持续性，让组织成员、价值链成员共生成长，共享价值。谁更基于消费者创新，与顾客走在一起、共生成长，谁就能生存；谁能设计一个平台，让价值链成员实现价值共享，谁就会成为下一个领先者。

4. 共享模式将带来广泛而深刻的社会效益

共享模式不仅会影响人们的出行方式，还将改变人们的社交和生活，甚至会影响人们的思想和人生。随着共享模式的兴起，个别的、细微的消费行为变化经过集聚整合最终会带来巨大的商业变革和社会变革。具体体现在三个方面，如表1-6所示。

表1-6　共享模式的社会效益

事项	内容
满足人全面发展的需求	共享模式颠覆了企业所有与个人消费的产业模式，每个人可以同时成为消费者和生产者，可以自由选择自己感兴趣和擅长的工作及时间安排，自由度提升，人际关系扩宽，信任感增强，自我价值实现的成就感得到满足，这些都有利于人的全面发展
提升产业创新能力	共享模式的"去工业化"和"去中心化"使得每个人都可从被动的消费者转变成创造者，个体创造力得到极大的释放。目前，数以百万计的产消者可以在社会共享中进行相互协作，创造新的信息技术和软件、新形式的娱乐、新的学习工具、新的媒体、新的绿色能源、新的3D打印成品，使用开源协议，从知识产权的束缚中解脱出来，其结果是产业创造力乃至社会创造力的提升

续表

事项	内容
满足可持续发展的需求	共享模式实现了消费模式从"扔掉型"转变为"再利用型"，通过社会存量资产的调整，实现了商品价值的最大限度利用，例如，每辆共享车平均可替代20辆普通汽车，同时减少了因购车后边际成本降低而诱增的无效出行。可以说，共享模式以接近免费的方式分享绿色能源和一系列基本商品和服务，这是最具生态效益的模式，也是切实可行的可持续发展模式

共赢：共生经济的利益分配机制

所谓"共赢"，是指交易双方在共事过程中实现的共同收益。共生经济中的共赢是一种利益分配机制，是在合作过程中形成的制胜模式。作为一种利益分配机制，共赢需要企业家具有一定的胸怀、格局、眼光和境界；更重要的是，共赢需要对利益分配进行合理的设计和规划。

1. 实现共赢的前提是合作：与人合作才能共赢

王健林、马化腾、李彦宏三大巨富的合作，不是因为他们缺钱、缺人，而是因为他们需要整合更多的资源，打造更大的平台，提供更好的服务，所以他们三个人联手建立新公司。他们的胸怀、格局、眼光和境界，给中国的中小企业上了一堂很好的合作共赢

共生经济的本质：共生、共享、共赢、共富

课。中国中小企业之所以多数做不大，其根源就是缺少这种合作共赢精神。

合作需要相互信任，可当今社会最稀缺的就是信任。所以谁也不愿意跟别人合作，可是你越不跟别人合作，自己个人的力量显得越渺小。如果中国首富都合作了，我们这些小企业如同大象脚下的一只小蚂蚁，你单枪匹马又能拼得过谁呢？

为什么有的中小企业稍微做大些就要分家？因为每个人都高估了自己的能力，低估了对方的价值，所以谁也不愿意妥协。舍得舍得，有舍才能得，可是大多数人就是舍不得，结果就是得不到。这是一个合作共赢的时代，这是一个资源共享的时代，这是一个优势互补的时代，一个人能够与多少人合作就能成就多大的事业，一家企业能与多少家企业合作就能造就多大的平台。

合作需要胸怀，需要格局，更需要付出精神，如果每个人都不愿意把自己的优势发挥出来，总害怕被别人利用，结果本来有价值的东西也变得没有价值了。一个人要成功就不要怕被别人利用，何况在你没有成功之前，又有多少东西可以被别人利用呢？别人之所以找你合作，你之所以被人利用，都证明你还有被人利用的价值。如果有一天，别人合作都不找你，那你就真的没有价值了。

只有合作，你的价值才能被放大，只有合作，你的价值才能保持长久。要知道，一滴水只有放进大海才不会干涸。一个人只有加入团队才不会失败，所以成功者与失败者最大的区别就是成功者每天想着与人合作，失败者每天想着给人拆台，结果帮助别人的人，自己越来越成功，给别人拆台的人，自己越来越失败。

如果不相信，大家可以观察一下自己身边的人，凡是经常夸奖别人好的人，他自己也差不到哪里去；凡是经常说别人坏话的人，他自己也好不到哪里去；凡是主动与别人合作的人，他的事业都做得比较顺利；凡是总拒绝与人合作的人，他们的事业也难以做大。如果今天的首富都开始合作了，我们却还在单干，又能干出什么名堂呢？

2. 从"赢"字构成看合作中赢家的五种态度

"赢"字由"亡、口、月、贝、凡"五个汉字构成，这五个汉字，实际上包含了合作中赢家所需具备的五种态度，如表1-7所示。

表1-7 "赢"字所包含的合作中赢家的五种态度

事项	含义
"亡"	亡代表要有危机意识，要随时了解我们所处环境的变化；过去成功的经验往往是未来失败最大的主因，安逸的日子过久了，我们会越来越丧失斗志；有一个敌人或竞争者的好处是，至少不会让你懈怠。此外，亡也可以表示"无"的意思，要学习让自己归零，对很多人、事、物不要有主观的成见，能多方了解彼此的需求。亡也可以很单纯地理解为死亡或结束之意。虽是结束，但生命的周期是无限的，它更象征机会与无限的生命力
"口"	口代表沟通，要把你的想法告诉他人，在不同的场合中宣示要达成的目标与决心。成功的沟通是双向的，除了有良好的语言表达能力之外，也要有倾听的能力。听得清楚，有助于了解彼此的需求，更有助于陈述自己的论点

续表

事项	含义
"月"	这里的"月"指的是时间。任何赢都需要时间的积累，需要在岁月上下功夫；泡沫式的英雄作风最后总如昙花一现般消失得无影无踪。"月"也代表亲身的实践，代表你无法只用命令的方式让别人来助你成功；而是要以身作则、以德服人，那时你就会像众星捧月一般，闪耀着灿烂的光芒
"贝"	中国最早以贝为交易货币，因此，贝即是钱。然而有钱未必一定会赢。有的人虽然没有钱，但是他有技术，有知识产权、商标专利、广泛的人际关系、跨国性公司的经营管理经验……这些可能都是无形的资产。因此"贝"广义而言应该是筹码，是可以为自己加分的要素，它可能就是一个人的独特性。而如何增加自己的筹码呢？在知识经济时代，随时丰富自己的知识，保持学习的态度，就是最好的增加筹码的方法
"凡"	顾名思义，"凡"指的是平常心。我们努力去争取胜利，但是最后的成绩往往不尽如人意。古语说："塞翁失马，焉知非福。"在每一次失败中都含着成功的因子，我们要相信，从失败中学到的东西，要比从成功中学到的东西多得多

3. 最聪明的长期合作共赢方法：遵循合作原则

从王健林、马化腾、李彦宏三大巨富的合作及"赢"所包含的合作中赢家的态度可以看出：企业无论大小，都有其优势。所以，在合作过程中，算大账、不算小账；看长远、不计眼前，这是长久合作最聪明的方法。

将长期合作共赢的方法落到实处，关键要遵循以下十大合作原则，如表1-8所示。

表1-8　合作需要遵循的十大原则

事项	含义
诚信原则	合伙赚钱，诚意当先，以诚相待。不要去管你的伙伴怎么对你，要先做好自己

续表

事项	含义
目标原则	求大同，存小异。小事随它去，大事不糊涂，看准共同的目标，把握大局
信任原则	合伙人最忌讳相互猜疑。要相信，不管任何时候，只有你的伙伴能把利益的天平放在你一边
宽容原则	彼此之间的宽容理解才能使合伙走得更长
吃亏原则	自己多吃点小亏，让对方多占便宜。要知道，没有绝对的公平合理，只有多为你的伙伴做贡献
交往原则	己所不欲，勿施于人。把合伙人当成真心朋友，不要把金钱当作合作关系的纽带
公平原则	亲兄弟明算账，不要你好我大家好，最后都是一些无原则纠纷
谦虚原则	多看别人的优点，少看缺点；相互学习，共同提高
沟通原则	不打"肚皮官司"，有什么想法要及时提出，多沟通
坚持原则	敢于坚持原则，甚至用生命去捍卫共同制定的规则，并为你的合作伙伴鞠躬尽瘁

4. 实现共赢的保障：设计好利益分配机制

如果说合作是达成梦想的必经之路，那么合理设计和规划利益分配则是实现梦想的保障。利益捆绑才能共赢，因为合作的本质就是分配，只有分配合理了，才能健康、长久地合作。先来看一个例子。

芬尼克兹创始人宗毅在其《裂变式创业》一书中展示了他创造的裂变式创业的新模式。总结归纳宗毅的裂变式创业新模式，有以下四点让我们感受深刻：第一，母公司创始人控股新公司，同时在收益权上充分激励创业团队；第二，创业团队成员必须掏钱参股，以身家性命赌未来；第三，用钱投票，可杜绝人情关系，选出最好的创业项目和团队；第四，人人平等，每位员工都可报名参加创业大赛，打破新员工职位无法超过老员工的企业伦理困境。通过以上制度设计，宗毅能把他认为好的团队筛选出来，拿钱投票也能保障胜出项目的质量。通过这样一套完整的裂变式创业体系，充分发挥员工的积极能动性。宗毅作为领导者，也不会每天待在公司疲于应付各种琐事，其也可以做更多的事情。

事实说明，要激励员工，老板就必须懂得分钱，懂得如何分钱更加合理，如何分钱会对公司与员工达到双赢的目的。为此，利益分配机制设计的第一步是要厘清企业应该分给谁钱，然后明确分钱的依据、标准是什么。第二步是明确采用什么激励模式，对不同岗位、层次、需求的员工要采取对应的薪酬方案，不能搞"一刀切"，更要避免固定薪酬模式。第三步是要想办法规划分配次序，分配越直接越有效，分配次数越多，关注的点与面就越丰富。第四步是做好分配预算，分割好各自的利益蛋糕。

从众多成功者的实践经验看，企业应该给以下七类人分钱：一是直接创造产值、利润的人；二是直接创造价值的人；三是间接创造产值、价值的人；四是当下创造产值、价值的人；五是未来创造产值、价值的人；六是独立创造产值、价值的人；七是共同创造产值、价值的人。这七类人必须得到"分钱"这个实际利益。

事实上，任何企业都有三种人：第一种人，只做事不管结果，有想法没目标，明白职责却不清晰价值，每天工作没有计划。不满负荷，这种人是企业的人力成本。第二种人，认真履行职责，有目标有计划，重结果讲价值，这种人是企业的人力资源。第三种人，不仅能达到定位价值，还能创造剩余价值，向复合型发展，这种人是企业的人力资本。对这三种人，如何进行利益分配并不重要，更重要的是如何通过利益分配激励第一种、第二种人变成第三种人。为此，可以采取多元化的利益分配方式，并注重直接性，这也是利益分配的两大原则。

所谓多元化，即给员工创造更多获得收入的机会；所谓直接性，即对员工有价值的表现直接进行定价与利益分配。下面看一个某连锁企业店长工资变化的例子，如表1-9所示。

表1-9　某连锁企业店长的工资变化

事项	以前	事项	现在
工资构成	工资标准（或平均金额）	工资构成	工资标准（或平均金额）
基本工资	1300元（按当地最低工资）	基本工资	1300元（按当地最低工资）
岗位工资	2200元（按门店等级）	销售工资	1000~1500元（销售比率）
绩效工资	500元（按行为考核，以扣为主）	毛利工资	800~1300元（毛利比率）
月度目标激励	200~300元（每月）	费用工资	300~400元（费用目标管控）
季度目标激励	300~500元（每季度）	门店服务	300~400元（顾客满意与投诉）
年终奖	4000元（双薪）	员工培训	200~300元（月培训时数）
综合行为考核	无	综合行为考核	200~300元（门店管理）
综合行为考核	无	综合行为考核	300~500元（每月）
季度利润奖励	无	季度利润奖励	500~800元（每季度）
年度排名奖励	无	年度排名奖励	4000~8000元（年度考核）

续表

事项	以前	事项	现在
门店利润股	无	门店利润股	3000～9000元（与年利润挂钩）
平均实际年薪	55600元	平均实际年薪	69500元（不计门店利润股）

通过表1-9列示的前后结果对比分析，我们不难看出以下两点：第一，店长年收入增长25%，增长额为13900元。但单店年销售增长30%，增长额为65万元，净增长利润29万元。第二，由于对员工培训、顾客服务管理的强化，员工年流失率由60%下降至45%，重要顾客平均消费额上升了35%，新客户增长率为26%。

利益分配的多元化和注重直接性，可以体现在利益的多次分配过程中，比如：第一次分配，根据公司个人或产值创造结果直接分配到个人；第二次分配，以业绩为导向，将产值、业绩预算分配到经营单位或职能部门；第三次分配，从经营单位或职能部门分配到个人；第四次分配，根据各种标准，对部门或岗位进行奖励；第五次分配，以毛利、利润为基础进行奖励性分配；第六次分配，以利润为导向进行投资性分配；第七次分配，对未来价值、长期薪酬进行设计分配。

其中，第一次分配和第七次分配很特别，操作层的员工更关注前端的分配，而高层管理者更关注后端的分配。第一次分配体现了直接性，第七次分配则体现了事业分享、合作共赢这一特点。当然，第七次分配之后还有可能进行第八次分配、第九次分配，每一次分配都趋向于价值共享，实现更深层意义的共赢。

共富：共生经济的终极指向

所谓"共富"，就是一个社会不应该两极分化，两极分化不是社会主义，平均主义也不是社会主义，能够避免平均主义和两极分化的社会是共同富裕的社会，而共同富裕的追求是社会主义的本质追求，同时也是共生经济的终极指向。

1. 如何理解从"部分先富"到"共同富裕"

邓小平反复指出："我的一贯的主张是，让一部分人、一部分地区先富起来，大原则是共同富裕。一部分地区发展快一点，带动大部分地区，这是加速发展、达到共同富裕的捷径。"当达到小康水平的时候，先富的地区要多交点利税，支持贫困地区的发展，逐步解决贫富差距的问题。但是不能削弱发达地区的活力，也不能鼓励吃"大锅饭"。他认为这是一个大政策。过去搞平均主义，吃"大锅饭"，实际上是共同贫穷。邓小平所说的由"部分先富"逐步达到"共同富裕"的大政策，不仅是我国正确的发展道路，而且是一条客观规律。"部分先富"和"共同富裕"不是截然分开的两个阶段，而是通过"部分先富"达到"共同富裕"。在"部分先富"的过程中，就包含了"共同富裕"的成分；在"共同富裕"

的基本目标实现以前，始终表现为"部分先富"。

"共同富裕"的前提和基础是生产力的高度发展及社会财富的充分积累。在我国现阶段，为了促进生产力的发展，既要承认劳动差别，又要承认资产差别。也就是说，不仅要默认劳动能力是每个人的天然特权，而且要承认对象化的、积累起来的劳动（物质财富）同样是每个人的合法权利。前者要求同量劳动相交换，要求同量劳动获得同量报酬；后者要求财富转化为资本，并实现价值增长。只有这样，才既能够调动劳动者的积极性，又能够调动资本所有者和企业主的积极性。公有制为主体、多种所有制形式共同发展，以及采取市场经济形式，正体现了上述利益要求。在这种经济制度和经济形式中，收入的较大差别是不可避免的，率先富裕起来的只能是一部分人。但是，随着生产力的发展和社会的调节，富裕起来的人会越来越多，最终达到共同富裕。

总之，从"部分先富"到"共同富裕"是一般规律。"共同富裕"是社会主义的本质和最终目标，而实现共同富裕是一个长期过程，不是一蹴而就的。首先要实现"共生"，然后实现"共享"和"共赢"，最后才能实现共同富裕，也就是"共富"。

2. 运用"共生经济"以实现共富的实证

某村刘亮（化名）既是村党支部书记，也是微型企业主。刘亮开过豆制品店、蜡烛厂、竹制品厂，效益不理想。一次偶然的机会，他去东北的一个葡萄园采果，看到了现代农业的高效，萌发了回乡创业的念头。2010 年底，他在另一个村子流转土地 30 多亩，成立葡萄种植专业合作社，开始运用"共生经济学"。

在刘亮的 30 多亩葡萄地里，葡萄藤下有很大的空间，用来喂鹅。鹅除去地上的青草，粪便也给土地提供了肥料。一亩优质葡萄每年收入上万元，一只鹅能卖 200 元。在一方占地 40 余亩的池塘里，荷花开得正盛，池塘里养了泥鳅，莲藕给泥鳅提供了所需要的食物，泥鳅给莲藕提供了必需的养料，还让池塘里的淤泥更加疏松，更利于莲藕生长。这种搭配下种出来的藕和养出来的泥鳅品质好、价格高，从来不愁销路。

作为微型企业主，刘亮运用"共生经济学"让土地里长出了金子。作为村党支部书记，5 年前葡萄种植专业合作社成立时有 5 户农户入社，现在有 20 多户。农户土地流转收入每亩每年 1500 元，在合作社做事的人，平均每人每年收入上万元。刘亮觉得带动的农户还是少了些，他想放大"共生经济"的效应，于是在 2015 年和 18 户农户合伙成立了立体种植养殖联合社，流转土地 200 亩种太空莲，莲蓬还没批量出产，就有市里的一个大老板下了订单。2016 年又在莲藕池中养青蛙、鳝鱼……最后加入联合社农户的收入都翻了三番以上，实现了共富。

第二章　共生经济下的消费商：
消费可以致富，花钱也能赚钱

一直以来，我们都理所当然地以为消费就是花钱，就是支出，并没有仔细想过如果消费就是花钱，那每年数额可观的消费额都去了谁的口袋？就是在这样的时代背景下，我们开始重新认识消费，认识消费的价值，认识消费商。事实上，消费能致富，花钱也能赚钱。在共生经济时代下，我们将成为财富的创造者和享有者，成为消费商。

历史的车轮迈向消费商时代

历史的车轮经历了农业经济时代、工业经济时代、后工业经济时代，如今进入信息经济时代。信息经济时代以消费者为核心，将引起一场"消费关系"的大解放，消费商时代已经到来。

为了更好地理解信息时代及消费商，我们需要对农业经济时代、工业经济时代、后工业经济时代的财富分配及其原因做一个概括性的描述。梳理一个清晰的历史脉络，对把握当下信息经济时代是必要的。

1. 农业经济时代的财富分配

在农业经济时代，经济活动中分配的主要依据是土地，拥有土地就拥有了财富和分配权，占有了全部的剩余劳动或劳动成果。由于地主拥有土地，因而地主掌握着大量财富。

为什么在农业经济时代地主拥有土地并掌握着大量财富？这是由多方面因素造成的。农业经济时代的主要劳动对象是天然资源，其中，土地是最基本的劳动对象。人类依赖土地，劳动对象极其狭窄，主要性质是顺应自然环境并与恶劣的自然环境作斗争。在农业经济时代，创造社会财富的主体是农民或农民阶层，劳动者主要运用自己的体力和手工工具与自然界作斗争，以手工工具进行生产和社会财富的创造，长期维持着经验积累和简单再生产，整个社会财富的增加相当缓慢。在当时，生产组织形式是自发的单家独户的生产方式，日出而作，日落而息，春种秋收冬藏，寒来暑往，年复一年；产品形式是靠自然环境作用生息成长的农作物和畜牧业产品，是以最初级的自然形态存在未被深加工的产品；产品交换方式主要采取集市贸易的形式，各生产者独立从事生产，定时在固定的市场上成交。农业经济时代物质生产方式的落后和封闭，决定了人们生活和消费方式的低水平及封闭性。

2. 工业经济时代的财富分配

在工业经济时代，资本是主要的分配依据，谁掌握了资本，谁就掌握了分配的主动权。掌握了资本的人凭借着资本的大小来瓜分社会财富，瓜分剩余劳动成果。工业经济时代的经济活动以产品为核心，企业家成为人们羡慕的对象。

工业经济时代，企业家掌握着社会经济的重要支柱：货币资本、技术资本和人力资本。货币资本是工业经济的第一生产要素，拥有了货币资本就拥有了机器、厂房、设备、原料和材料，甚至劳动力，可以"钱生钱"方式创造财富。比如，机器为工业经济发展提供了最重要的支持，同时也为企业家创造了巨大财富。机器大工业形成有组织的公司企业，资本被控制在资本家手中，公司企业成为社会的中轴，马克思就持有这种观点，社会学家阿隆也有类似的看法。技术资本是化学、冶金学等理论及其工艺技术的发展，人类开始大规模利用金属材料、树脂、橡胶、塑料和化学纤维等新型材料。在2000多年的工业发展中，技术资本使劳动对象的范围扩大了数倍。人力资本指工业经济时代劳动的主体是工人或工人阶层，知识阶层是社会生产的指导者或组织者。据苏联学者的统计，在机械化程度较低的条件下，体力和脑力劳动的消耗大约为9∶1，在中等程度的机械化条件下为6∶4。这个时代，整个工人阶层是创造社会财富的主体。

工业经济时代的主要特征是资本积累和扩大再生产，社会财富或物品得到快速的增加，生产规模得到迅速扩大，然而，最终却导致好产品和资本过剩。

3. 后工业经济时代的财富分配

在后工业经济时代，经济活动以渠道为核心，经销商成为最风光的人物。

在"渠道为王，决胜终端"的后工业经济时代，大多数企业产品的销售高度依赖经销商，经销商的作用越发举足轻重。正因为企业依赖经销商，所以经销商为了获取自身利润的最大化，通用的做法是要求企业做出更大的让步，包括尽可能低的折扣率、相对较高的奖励等优惠措施及最广泛的广告支持。同时自己也在努力扩大市场，提高销量。最终，经销商占据终端渠道，直接面对消费者，他们能做到持续地营销甚至抬高物价，导致消费者承担了过高的消费成本。

上游迫使生产厂家做出让步，下游面对终端消费者营销到底的坚持，同时享受上下游资源，经销商由此赢得了巨大财富，成为最风光的人物。

4. 信息经济时代的财富分配

人类社会正在发生着历史性跨越，信息经济时代的脚步声已不只是清晰可闻，更是震耳欲聋，人类的生产和生活方式正在发生惊人的变革。在信息经济时代，经济活动将以消费者为核心，消费商将成为时代的宠儿。

过去，所有的产品利润都是我们消费者所创造的，却全被生产商、流通商瓜分了。消费者除了得到价格比价值高得多的产品外，一无所有。信息不对称，导致消费者只能盲目、被动、无奈地消费，可选择的消费方式很少。今天，随着市场的开放，好产品已多起来，消费者想在哪家购买和想买什么，已经有了可选择的空间，有了充分的决定权。信息经济时代以消费者为核心，经济活动已进入终端，每一个生意人都在想着如何拥有并锁定消费者。而作为一个有眼光和能力的消费者，应该带领大家一起与生产企业共享财富分配，这样的消费者才是一个消费商。

5. 消费商的财富分配新时代

今天的消费社会是一个产能过剩的经济时代，商品无限丰富，消费者在市场中占有主动地位，属于买方市场。人们对商品的购买和消费，就是一种财富创造行为。因为在买方市场下，产品只有被人们所购买和消费，才能实现它的商业价值，创造出财富，否则只是摆在店铺里或堆砌在厂房里的废品。既然消费者已成为市场财富的主要创造者，他们就有理由也应该参与进财富的分配中。当消费者的参与意识觉醒，并获得产品的分享经营权，转向亦消亦商时，也自然会推动社会经济进入消费商的财富分配新时代。

在以往的市场活动中，信息的不对称性使消费者处于被动地位。消费者创造了财富，却无法参与到产品利润的分配中。今天，互联网的发展使消费者可以很容易获取需要的信息，产品的极大丰富使消费者有了更多的自主选择权。消费者成为经济活动的核心，拥有了更多的话语权，在市场中处于主导地位。既然消费者已成为互联网信息时代经济竞争的核心，成为实现产品商业价值的重要推动力量，那么他们就没有理由不参与到财富的分配中，没有理由不获得原本就属于自己的利益。

特别是在当前政府提出"供给侧改革"、我国将迈入"新计划经济"时代的情况下，富有远见的消费者应该意识到消费在经济活动中的核心功能，将自己身边的消费者组织聚合起来，借助互联网的开放、分享精神，推动大家共同参与到财富分配之中，并以此实现产品的商业价值，推动经济的持续发展。而当这些有战略眼光和能力的消费者通过自己的组织分享行为推动了商业价值的实现时，就完成了自身角色的转变——由单纯的消费者变成了亦消亦商的消费商，在自身消费的同时又实现了收益获取。

其实，消费商作为一种经济行为早已存在。比如，某个消费者在一家餐馆品尝到了十分美味的食物，便推荐给了他的朋友。这个朋友到店里体验之后，也十分满意，又推荐给其他人。这时，这个消费者和他的朋友便不只是单纯的食客，而在无意间扮演了消费商的角色——通过自己的分享行为，让产品（美食）获得了更多的购买和消费。而且，这种基于亲身体验的产品推荐，比商家自己的营销推广更能吸引其他消费者。只是消费者本人，包括商家或者整个社会，并没有意识到这种角色的转变。

消费者在分享产品体验的过程中，有效地促发了其他人的消费行为，为生产商和经销商创造了巨大的利润，但却没能有意识地参与到利润分配中，仍然只是作为一个单纯的消费者，没能意识到自身的价值创造能力。因此，在消费导向更加凸显的新经济时代，消费者应该意识到消费商在促进消费行为、拉动经济持续发展中的重要作用，对消费商的角色功能有着清晰准确的定位，实现从单纯消费到消费与创富并举的转变。

具体而言，现在的商业竞争，本质上就是对消费者的争夺。谁能拥有更多的消费者，谁就能在竞争中占据主动，获得更多的商业价值。而在移动互联网时代，消费者的分散化、消费需求的个性化、消费场景的碎片化，都使生产商和经销商对消费者的争夺变得更加困难。与此形成鲜明对比的是，消费商由于其特殊的角色定位，反而更容易与分散的消费者实现情感上的共鸣和认同，建立起信任关系，从而将他们整合团结起来，实现产品的购买、消费和体验。

总之，历史的车轮已经走过农业经济时代、工业经济时代、后工业经济时代，如今进入信息经济时代。消费者已经从传统的生产关系价值链中挣脱出来，成长为能够创造财富、参与利润分配的消费商。这是信息经济时代财富创造的新思维，也是推动"供给侧改革"、完成"新计划经济"转变的革命性力量。

消费商及其魅力所在

2016年，算是消费商概念涌动的一年，百度一下，随处都可以看到诸如"××O2O商城提出消费商模式"、"××消费商购物中心揭幕"、"'互联网+'助力×××，消费商时代降临"等类似的宣传。在看完这些宣传后，有些人难免会热血涌动，觉得赚钱的大好时机来了，或者认为终于有新的营销渠道摆脱团购以及传统营销了。

那么，到底什么是消费商？消费商为什么会出现？消费商的独特魅力在哪儿？消费商能否成为本地化生活服务新的引导模式？下面，笔者将带着这些问题来一一分析。

1. 什么是消费商

消费商，又叫产消商，即经营消费和消费群的商业人士。消费商的概念在中国才刚刚推出，在国外有一个相似的概念，翻译到中国叫"生产消费商"（Consumer Business），既是生产者又是消费者。

2. 出现消费商的原因

消费商之所以会出现，有两个方面的原因：团购带来的影响、社会大背景。

在团购方面，消费商和团购模式在本质上最大的区别是：消费商是一种全新的利润再分配。它把商家过去发传单、做宣传横幅的钱，以及团购上的部分佣金转移给了意见领袖和消费者。

"团购只是噱头，本地化电子商务才是核心"，这是很多业内人士对于团购业务所给出的解释。比如美团就努力践行这个解释，不仅帮助餐饮、影院、KTV 等商户做本地化推广，还引领了本地化生活服务电子商务的流行。事实上，承载本地化生活服务模式的团购，经过近几年的发展，有一些问题开始渐渐显现，如表 2 - 1 所示。

表 2 -1　团购模式存在的问题

事项	内容
商家方面的问题	商家存在的问题体现在以下三个方面：一是消费者没有忠诚度，留存率很低。靠低价吸引用户，消费者没有忠诚度，当团购不再进行，消费者就会考虑转向下一个有折扣的商家。二是交易款有周期。商品超低折扣，在另给平台佣金的同时交易款项还不能立即到账。三是伤害品牌和原先的客单价。对于那些原价消费的老客户，知道有团购后十有八九也会考虑转向团购产品，这对品牌和客单价都是一种伤害

续表

事项	内容
用户方面的问题	用户存在的问题体现在以下三个方面：一是受到区别对待，因为超低折扣，再加上商家不能立即拿到钱，没有积极性，所以在商品和服务质量上，存在区别对待的可能性。二是大多数情况下只能吃固定的几个菜品，如果到店后发现有喜欢的，或经常吃固定的已经吃腻了，用户只能对着团购"望洋兴叹"。三是团购有时太Low，比如请朋友吃饭，你难道还会继续坚持使用团购

基于上述商家和用户两个方面的原因，有些企业家、资本家受到"互联网＋"、O2O等影响，开始寻求更好的或更新的模式继续引导本地化生活服务，这个时候消费商进入他们的眼中。有些平台的出现正是瞄准了消费商在市场中表现出来的潜力，也希望在消费商经济领域成为"领头羊"。

在社会经济方面，一直以来只有经营者赚钱，消费者花钱，如果消费者也想赚钱，想参与商业利润的分配，在以前是无法想象的。但时代发展到今天，各类商品琳琅满目、信息技术发展快速、思想观念及时转变，消费者终于也可以参与到商品利润的分配中去了，表明消费者已经进入了革命式变化时代。

在社会大背景的影响下，消费商的出现成为必然，具体如表2－2所示。

表2－2　社会大背景催生消费商的具体体现

内容
商人永远被认为是"王婆卖瓜——自卖自夸"，商家的宣传变得苍白无力
由于广告夸大宣导，消费者被多次伤害之后显得迷茫，希望身边能有有经验的人给予指点

续表

内容
流通利润总是被少部分人赚取，贫富差距加大尤显不公平
消费者越来越清楚"要想改变只能花钱的现状，要像经营者一样思考"，越来越想获得流通利润的分配资格
每一个人都可以借助信息技术的力量做宣传和推广，达到经营的效果
拉动消费促进内需，加快经济发展成为商业经济的必需

3. 消费商的魅力所在

消费商即经营消费和消费群的商业人士。消费商首先是一个商业主体，作为一个全新的商业主体，一定有着他的独特之处，这也是他的魅力所在，如表 2 - 3 所示。

表 2 - 3　消费商的特点与魅力

内容
消费商是全新的机会营销主义，他给予别人的不仅是产品还是机会
消费商主导"花本来就该花的钱，赚本来赚不到的钱"，带来的是一种全新的利润分配规则
消费商不需要大投资，没有员工，也不需要管理，是一种零风险的商业主体
消费商只是在做一种（省钱＋赚钱）机会的传播者，不负责具体的经营，是最佳财富自由的经营者
消费商是一个最轻资产的商业模式
消费商可以是第一职业，也可以是第二职业
消费商带来的是一种消费革命，让消费者也参与了利润分配，让更多人成为消费商，分配更加合理
消费商将成为销售的关键主体，优越于原来的店铺，是互联网时代的最佳互补

4. 消费商是人市经济和市场经济下理想的商业主体模式

人本经济强调以人为中心、为本、为主体、为基点，注重研究人、关心人，并实现人的全面发展。《创富新思维——消费商时代》一书认为：人本经济的核心是"以人为本"，而消费商正是体现以人为本的经营模式；同时，消费商更是市场经济发展过程走向理想阶段的产物。在该书作者看来，消费商阶段是市场经济发展的高级阶段，是消费者话语权增强进入消费主导型阶段。消费商遵循市场经济发展规律，以不断满足人们日益增长的物质文化生活需要和保持良好生态环境为经济动力，以实现基于公平和效率的共同富裕为社会动力。在市场经济环境中，生产商走近消费商，消费者同样走近消费商，他们之间在日益中介化的过程中，共同推动社会进步和经济繁荣。

生产商与消费者实现了合理的利益分配，其根源在于，首先，生产商和消费者已经摆脱了博弈的传统模式；其次，二者不是争抢现有福利蛋糕，而是着眼于共同做大蛋糕，在社会福利最大化的价值追求中实现了共同利益，并得以持续增长，同样是一种双赢战略。只有双赢才能形成利益共同体、意志共同体、风险共担的共同体。

该书作者认为，消费商还是理想的商业主体模式。消费商是市场经济发展到以人为本的营"消"阶段的产物，更是人本经济发展的必然产物，既是产品和服务的最终消费者，又是产品和服务的宣传推广者和销售者，更是可以从生产商那里直接获得财富分配的经营合作者，甚至可能是投资者，具有多重身份。其物流模式被简化为以生产商为圆心、以 N 个消费商为半径的一个圆。消费商将作为一种新型的商业主体，跻身市场主体，参与到财富分配之中。

综上所述，在消费者革命式变化时代，只需要改变思维，做资源的整合者，找到更多优惠的消费渠道，找到更多迷茫的消费者，就可以做一个消费商，成就自己的经营梦想。

消费商·生产商·流通商

消费商是市场进入新经济时代产生的一种新的商业主体身份，在消费商之前曾出现经典的传统经销商，后来出现直销模式产生的直销商，进入电子商务时代产生网商，每一个时代新身份的产生适合不同人群的发展，同样都实现了不同层面人的成就。那么，消费商、生产商、流通商各有什么不同？

1. 生产与消费的关系构成及其身份界定

马克思主义经济学把社会化大生产分为三个环节：生产、流通和消费。因此，生产与消费主要由这三方关系构成，分别是生产商、流通商和消费商，加一个"商"字，表明他们具有经营性质。

共生经济下的消费商：消费可以致富，花钱也能赚钱

这三者各不相同，其身份界定如表2-4所示。

表2-4 生产与消费关系中生产商、流通商和消费商不同身份的界定

名称	定义
生产商	生产环节中以生产产品为核心的经营者。他们用原料或零组件（自制或外购），经过较为自动化的机械设备及生产工序，制成一系列的日常消费用品
流通商	流通环节中以销售渠道为核心的人。他们是将商品或服务从生产领域向消费领域转移的经营者
消费商	消费环节中以经营消费和消费群的商业人。他们以引导消费者购买为核心，比如自媒体、网络大V、明星、网络红人、模特、互联网经营者等

对生产与消费关系中生产商、流通商和消费商的这三种不同身份的界定，让我们明白了商业各个环节经营的基本内容。可以这样说，以前的许多经济理论，并不是为消费者服务的，完全是为生产商和流通商服务的。既然出发点不在消费者这边，许多商业条款不是以消费者为核心，消费者看不懂经济理论，也就不足为奇了。

消费商是市场进入新经济时代产生的一种新的商业主体身份，在消费商之前曾出现经典的传统经销商，后来出现直销模式产生消费商，进入电子商务时代产生网商。每一个时代新身份的产生适合不同人群发展，同样都实现了不同层面人的成就。经销商很显然是经营市场的人，需要大资金运作；消费商只需要体验产品，同时把使用产品的效果分享给更多的人，不需要运作资金。

2. 消费者主权时代，消费商更有知情权和话语权

在信息化的时代，消费者拥有知情权、话语权，消费者拥有了

更多的质量安全甚至环保方面的知识，有了一般的鉴别水平，所以现在不是生产商说了算，也不是经销商说了算，而是消费者说了算。生产商广告打得再多，经销商的技巧再高，不让消费者知道其产品的基本生产理念和原材料配方，不让消费者有说话的权利，产品就不可能持久地转化为财富；消费商既是消费者又是经营者，这一独特的身份既具备了产品的专业知识，又有了当老板的心理诉求和服务人群的愿望，这就增加了消费商的话语权，所以说现在是消费商的时代。

每一个做生意的人都在想着这件事：如何拥有并锁定消费者？传统的经营模式是所有的产品利润都是消费者所创造的，却全被生产商、流通商瓜分了。消费者除了得到价格比价值高得多的产品外，一无所有，这是一个让人困惑的问题。信息不对称，导致我们只能盲目、被动、无奈地消费。今天，随着市场的开放，好产品已多起来，我们想在哪家购买和想买什么东西，在数以万计的同类商品中，消费者对所选择的消费品，有了充分的决定权。

因此，对生产商和流通商来说，消费者已成为经济活动的核心，这里面蕴藏着巨大的财富和无数的商机。消费者说了算的时代已经到来。这是一个不以人们意志而转移的客观规律，历史的车轮把我们带入信息时代，这一切都在快速变化。消费者扬眉吐气的时代已经到来，我们终于等来了话语权。

3. 消费商与中介商互为中介，将生产商的产品转化为财富

中介商即生产商与消费者之间的中介经营者，如果交易成功，

中介商即可得到应有的回报。而回报既有从消费者中得到的，也有从生产商中得到的，且一般都是预先谈好提成比例，这就是明箱操作方式或称之为透明度不高的提成方式。这里讲的中介商是从事市场经济正常运作的中介商，而不是进行权利商品化的暗箱操作的中介商。

消费商与中介商之间是互为中介的关系。中介商与消费商具有一致性和同一性，更主要的是消费商是从消费导向社会背景下提出来的一个全新概念，而中介商同样是在这个背景下提出来的，但中介商主要扮演推荐经营者或授权经营者的角色，与我们讲的消费商概念有所不同。我们之所以说中介商与消费商具有一致性和同一性，就是从二者互为中介的意义上提出来的。事实上，无论是消费商还是中介商，二者之间最重要的是中介思维，都具有消费导向功能，前者主要导向经营，后者主要导向推荐。无论是导向经营还是导向推荐，都是把生产商的物质产品与精神产品转化为财富的关键。

如果从哲学意义上讲中介思维，不仅对揭示中介商现象及其规律具有重要的哲学意义，而且对财富新思维也具有哲学意义。基于哲学意义上的中介思维，中介商、推荐商、代理商和消费商，都具有同一性和统一性的哲学意义。这对传统哲学来说是一个具有挑战性的命题，因为传统哲学最重要的思维方式是非此即彼，但中介思维最重要的思维方式是亦此亦彼，而消费商、中介商、代理商或推荐商最重要的思维方式恰恰是亦此亦彼。中介商包括消费商、代理商和推荐商，从这个意义上讲，我们可称中介商是消费商、代理商和推荐商的复合概念。由此不难看出，中介商不仅是一个哲学概念，而且是一个经济学概念。

我们讲共生经济，讲消费创富时代下的选择与生长，就是强调在消费商与中介商互为中介的过程中，让财富走到你的身边，让中介思维把物质产品与精神产品转化为财富，实现社会再生产。所以，中介思维是哲学思维，而哲学思维与经济学思维互为中介化，就是我们理解的财富思维。你想要拥有财富，你就要拥有中介与经济学整合思维。

共生经济时代下的财富分配

李克强总理曾经在达沃斯说：目前全球分享经济呈快速发展趋势，成本小，速度快，众人创富，形成财富合理的分配格局。

分享经济和共生经济都主张"共享"，具有同一语境，单从这一点上说两者是一致的。共生经济是拉动经济增长的新路子，通过共享、协作方式创业创新，门槛更低，成本更小，速度更快，是收入财富分配模式的创新。在共生经济时代，有眼光和能力的消费者应该做一个合格的消费商，树立财富分配意识，运用财富分配新思维，带领大家一起与生产商共享财富分配。

1. 共生经济时代下的财富分配模式

下面看一个共生经济模式的例子：

开面馆的老郑做的面很好吃。有个经常来面馆吃面的食客小陈，几乎每个月都会来老郑的面馆吃面。

有一天，老郑突然对小陈说：小陈我想问你，你觉得我家面馆的面好不好吃呢？小陈说：好吃，我很喜欢。老郑说：既然好吃，我想和你谈一个合作计划，你愿意跟我合作吗？小陈说：先听听看是怎样的合作呢？老郑说：合作计划是这样的，你既然这么喜欢吃我家的面，那么从今天开始我正式邀请你成为我老郑面馆的合伙人。你成为我的合伙人之后：第一，你和以前一样，照例来吃面就可以了，以前你来我的面馆吃面都不打折，再好吃也没有打过折，现在你成为我的合伙人，你来吃面我给你打七折；第二，如果有朋友问你哪里的面好吃，你要记得帮我讲一句话"老郑面店的面最好吃，你报我小陈的名字可以打七折"；第三，报你名字来吃面的朋友，每吃一碗我就奖励你 1 元，他们再推荐别的朋友来吃面，每吃 1 碗我就奖励你 0.5 元。小陈一听，连说"好"，于是下月他就介绍了一些朋友来吃面。到了月底，老郑对小陈说：因为你这个月的介绍使本店生意兴隆，他们一共来本店吃了 2000 碗面，这是按约定给你的 1800 元。小陈觉得好棒，平时我只是来吃面的，现在既能吃到这么好吃的面条，还能赚钱，真的好赞！

过了段日子，小陈要准备考试了，这个月他很忙，没有时间去帮老郑介绍人来面馆了，但忙里偷闲他还是会来面馆吃面，和大家聊聊天。有一天，老郑拉着小陈递给他 6000 元，小陈很诧异，坚决不收这钱，这时老郑说：你上次介绍的那些朋友，他们吃了面后感觉味道确实不同于其他面馆，从那以后他们经常会来，并且他们也介绍他们的朋友来吃，我同样也给他们奖励了，这些是你应得的，当初多亏你介绍，我的面馆才会有现在这么兴隆的生意啊。小陈竟激动得说不出话来。从此之后，小陈就和老郑长长久久地合作了下去。

这就是共生经济下的财富分配模式。

2. 消费商应该具备的财富分配意识

共生经济注重价值共享，其中财富分配是一项重要的内容。那么，共生经济时代下消费商的财富分配原理是什么呢？

比如，你买了一件物美价廉的衣服，对你的同事、朋友说了以后，他们不知去什么地方买，你就带他们去购买，你既是消费者又自觉或不自觉地充当了消费商。你到朋友介绍的酒店吃饭，你的朋友同样充当了消费商的角色，而当你在这个酒店吃饭后感到满意，你又介绍朋友到这个酒店消费，你同样充当了消费商的角色。一位非常有影响力的演讲家请同行到一家酒店吃饭消费，结果从此这家酒店生意火爆。其实这位演讲家同样充当了消费商的角色，为经营者带来了巨大的利润。如此等等。

消费者与消费商的界限日益模糊化了，而且互为中介化。可就是这样一个最简单的真理，却没有引起消费者的关注。无论是一般的消费者还是演讲家之类的名家，虽然充当了消费商的角色，但他们只是消费付出，而在他们所创造的价值中没有得到任何回报。也就是说，虽然他们充当了消费商的角色，但他们只担当了消费者付出的角色。

事实上，我们常扮演的不只是消费者，同时扮演着消费商的角色，几乎每人每天的消费都自觉或不自觉地扮演着消费商的角色，可是众多的消费者则没有注意到自己的角色定位，所以角色转化与角色定位并没有引起重视。如果能对这一经济活动现象及规律做一些思考的话，将对社会经济的发展是一个不小的贡献。

我们已进入消费导向的时代，消费商扮演着重要的角色。现在的竞争不是由生产商完成，也不是由流通商完成，是由我们这些消费者完成。因为消费者的立场是一致的，容易在观念上达成统一，行动上采取合作。为什么会这样？因为曾经有无数的生产商和流通商联合起来将消费者的钱"掏走"，只留下价高值低，甚至可能是伪劣的产品，一次次打击了消费者的购买欲望，让消费者失去了快乐消费的信心。

既然消费者从分散走向联盟是一个必然过程，那么作为一个消费者，今天你不主动去团结别人，使自己成为一个消费商，明天就是别人来团结你，他就会成长为一个消费商。国外提出的快乐消费、满意消费、人人都健康生活给我们的启示是显而易见的。我们的视野可以更宽一些，消费者自由、快乐、满意地消费，顺应了消费商时代的到来。我们人人都是消费者，而人人又是经营者，消费商扮演双重身份的时代到来了。

3. 消费商作为榜样群体对消费者行为的影响

消费商不仅要具备财富分配意识，还要对其他消费者施加积极的影响。事实上，实现共生经济下的财富分配，消费商功不可没，因为他们对消费者的行为具有重要影响。消费商具有示范作用，并能够引导或带领其他消费者进行消费投资或创业，因此他们是榜样群体，而且其"榜样"的作用很大。对于消费商对其他消费者的影响，《创富新思维——消费商时代》一书进行了充分的论述。

榜样群体又称相关群体、参照群体，是指一种实际存在的或想象存在的，可作为个体判断事物的依据或楷模的群体，它通常在个体形成观念、态度和信仰时给其以重要影响。现实生活中，对消费者影响较大的榜样群体是亲朋好友、单位同事，也可以是联系密切的某些社会团体，或较少接触但对之羡慕并愿意模仿的社会群体。该群体对个人的影响在于，个人会以榜样群体的标准、目标和规范作为行动指南，将自身的行为与群体进行对照；如果与群体标准不符或相悖，个人就会改变自己的行为。由此，榜样群体的标准、目标和规范会成为个人的"内在中心"。

榜样群体通常有三种类型，即准则群体、比较群体和否定群体，如表2-5所示。

共生经济下的消费商：消费可以致富，花钱也能赚钱

表2－5　榜样群体的三种类型

事项	内容
准则群体	指人们所希望或愿意参加的一种群体。这种群体的价值观念、行为准则、生活方式、消费特征等是人们赞赏、推崇并愿意效仿的。通常这种群体对消费者的影响最大
比较群体	指人们仅把它作为评价自身行为的参考依据，但不希望加入的一种群体。具体表现为，一些消费者总是模仿他人所欣赏的某人群的消费方式。消费者在接受这类群体影响的同时，对该群体某些方面的特征（如价值观念、生活方式等）也许是持怀疑或否定态度的，所以他们自己并不想成为其中的一员。由此，比较群体对消费者行为的影响带有较大局限性
否定群体	指人们对其持否定态度、加以反对的一种群体。对于这种群体的某些方面，人们是不赞同或厌恶的，消费者通常不会购买那些与否定群体典型表征有关的产品，以此表明与这类群体划清界限，不愿与其为伍

影响消费者的主要榜样群体包括六种类型，如表2－6所示。

表2－6　影响消费者的六种榜样群体类型

事项	内容
家庭成员	这是消费者最重要的榜样群体，它包括了消费者的血缘家庭和婚姻家庭的成员。家庭成员的个性、价值观以及成员之间的相互影响，形成了一个家庭的整体风格、价值观念和生活方式，从而对消费者行为有着直接的影响
同学同事	由于长时间共同学习或在同一组织机构中合作共事，消费者常常受到来自同学或同事的影响。我们常常见到普遍的模仿消费行为，这可以看作影响消费的体现
社区邻居	我国消费者受传统习俗的影响，比较注重邻里关系，尤其是居住条件比较拥挤的居民，邻里往来更为密切。在消费活动中，左邻右舍的消费倾向、价值评价、选择标准等，往往会成为人们重要的参照依据
亲戚朋友	这也是影响消费者行为的主要榜样群体。在某些情况下，由于具有共同的价值取向，朋友的看法往往更具有说服力

续表

事项	内容
社会团体	各种正式和非正式的社会团体，如党派、教会、书法协会、健身俱乐部等，也在一定程度上影响着消费者的购买行为
名人专家	如政界要人、专家学者、影视明星、优秀运动员、著名作家，以及那些受到人们崇拜和爱戴的权威人士，都可能成为消费者的参照系

榜样群体对消费者行为的影响是在榜样群体一定心理机制的作用下发生的。榜样群体心理机制的具体作用形式包括以下五个方面，如表2-7所示。

表2-7 榜样群体心理机制的具体作用形式

事项	内容
模仿	模仿是指个人受非控制的社会刺激引起的一种行为反应，这种行为反应能够再现他人特定的外部特征和行为方式。研究表明，消费者之所以会发生模仿行为，是人的本能、先天倾向，以及社会生活中榜样影响的结果。在榜样的影响下，消费者不仅会模仿某种行为方式，而且会形成共同的心理倾向，从而表现出消费观念、兴趣偏好和态度倾向的一致性
提示	这里的提示又称暗示，是在无对抗条件下，用含蓄间接的方法对人们的心理和行为产生影响，从而使人们按照一定的方式去行动，并使其思想、行为与提示者的意思相符合。影响提示作用的最主要因素是提示者的数目。只要众多提示者保持一致，就会形成一种强大的驱动力量，推动引导个人行为服从群体行为
情绪反应	情绪感染是情绪反应最主要的机制之一。它的作用表现为一个循环过程。在这一过程中，别人的情绪会在个人心理上引起同样的情绪，而这种情绪又会加强他人的情绪，从而形成情绪感染的循环反应。群体行为即是循环反应的结果。循环反应强调群体内部成员之间的互动。因此，群体气氛、群体中的价值观念、行为规范等，都会直接影响每个成员的思想、态度和行为

续表

事项	内容
行为促进	通常，个人虽然已经形成某种固定的行为模式，但在群体条件下，群体规范和群体压力的作用，会使某些符合群体要求的个人行为得到表现和强化，而一些不符合群体要求的行为则受到否定和抑制。为了减少来自群体的心理压力，个人必须服从群体的要求，被群体行为所感染
认同	认同是一种感情的移入过程，是指个人在社会交往中，被他人同化或同化他人。任何群体都有为多数成员所共同遵从的目标和价值追求。个人作为群体内部的成员之一，在与其他成员的互动交往中，会受到这一共同目标和认识的影响，从而产生认同感。认同感往往通过潜移默化的方式发生作用，使人们的认识和行动趋于一致

榜样群体对消费者行为的影响有三种方式，如表2－8所示。

表2－8 榜样群体对消费者行为影响的三种方式

事项	内容
信息影响	榜样群体不断向消费者传递一些消费信息，消费者会将这些信息作为重要的参考依据，最终影响其消费行为。榜样群体的信息影响程度取决于被影响者与群体成员的相似性，以及施加影响群体成员的专长性
规范影响	是指群体要求成员遵守的规范对消费者产生的影响。榜样群体能产生这种影响的前提是：榜样群体能给予消费者某种奖赏或惩罚；榜样群体的行为是明确可知的；消费者有得到奖赏或避免惩罚的愿望。因而，遵从榜样群体的规范要求就会成为被影响者的主动行为
价值表现	每个榜样群体都有一定的价值观和文化内涵。大多数消费者都希望在维持自我的同时被社会所认同，因而会按照一定群体的价值观和其他习惯、规范行事，从而实现社会认同的目标。一个群体能对消费者产生这种影响要有一定的前提，即消费者要认同这个群体的价值观，并完全接受这个群体的规范

虽然榜样群体对消费者具有重要影响，但不同消费者受榜样群体影响的程度却有很大差别。现实中，榜样群体对消费者影响力的大小主要取决于以下因素，如表2-9所示。

表2-9　榜样群体对消费者行为影响的决定性因素

事项	内容
消费者的个性特征	由于消费者的个性不同，受榜样群体的影响程度也显著不同。一般来说，自信心强、善于独立思考、做事有主见、具有较强分析判断能力的消费者，受榜样群体的影响较小；相反，习惯依赖他人、做事缺乏主见、优柔寡断的消费者，往往受榜样群体的影响较深
消费者的自我形象	每个消费者的内心深处都有自己设定的自我形象，其中既包括实际的自我形象，也包括理想的自我形象。实际生活中，每个榜样群体都有其独特的价值观、行为准则与消费特征。当它们符合消费者的自我形象时，就会使消费者对该群体产生强烈的认同感，把它视为塑造自我形象的一个榜样群体
消费者选购商品的类型	国外有学者认为，榜样群体对消费者选购不同类型商品的影响程度不同可以从两方面说明：一方面是商品被别人认知的程度，即自己使用的这种商品能否引起别人的重视，这个产品的品牌能否被别人识别，由此将商品分为大众性商品和私人化商品。另一方面是消费者对商品的需求强度，由此将商品分为必需品和奢侈品

4. 消费商的财富分配新思维：引导理性消费

消费商在对其他消费者产生影响的过程中，要有财富分配新思维，即引导理性消费，这是共生经济时代消费商应该具备的财富分配新思维。这种思维与一般人思维、老板思维以及"互联网+"思维都有区别：一般人思维是1元×1元=1元；老板思维是1元×1元=10角×10角=100角=10元；"互联网+"思维是1元×1元=

10 角 × 10 角 = 100 分 × 100 分 = 10000 分 = 100 元。

理性消费与非理性消费一直是消费观念存在于消费者群体当中的一个非常普遍的社会现象，其中非理性消费的观念是比较普遍的，比如有钱的人讲排场、讲阔气消费，以及色、赌、毒、贿等。所以，消费商应该对有钱人做理性消费的引导，这是非常现实的，而且是针对性非常强的消费理念。理性消费引导可以促进资源的节约、杜绝资源的浪费、降低资源的消耗、提高资源的利用率，以实现谋求社会福利最大化的价值追求。

随着社会生产力的提高，人们的生活水平普遍提高，商品供应日渐丰富，消费结构呈现出开放性、多样性的特征。消费观念也由单一性转变为多样性，在健康、文明、科学的消费观念和消费方式占据主导地位的同时，落后的、愚昧的、腐朽的消费观念和消费方式，也会出现并形成严重的危害，比如讲排场、讲阔气、讲铺张的消费，盲目攀比的消费绝不是偶然的、个别的，尤其是黄、赌、毒的消费，同样不同程度地存在着。酒消费中，更有所谓的酒鬼斗殴现象等不文明消费，同样不是偶见的。消费商应以促进消费者理性消费为宗旨，减少和消除各种畸形消费，代之以理性消费引导消费者健康消费、和谐消费、理性消费，有利于消费商有针对性地组织消费品的供应，更好地满足消费需求，促进消费者的身心健康，保障消费者的文明消费、理性消费、快乐消费。

第三章　消费商模式解析：
一个你不知道的赚钱模式

　　作为一个普通消费者，我们拥有选择的权利，而厂家和大型的平台拥有创业机会的权利。如果把传统渠道的一些中间费用以奖励的形式给每一个消费者，让他们在消费产品的同时，又拥有一个行使代理权的机会，这样就可以获得更多的创富、创业机会。这就是消费商模式——一个你不知道的赚钱模式。用户既是消费者又是经营者，只有给了用户足够多的好处，才能让用户长久地忠诚于企业。所以我们看到，为什么这样的直销公司历经多年都能蓬勃发展，因为这种模式是符合人性需求规律的。

消费关系发生变化，消费商颠覆商业模式

眼下，以"互联网＋"为代表的生产技术的革新正悄然而至，将引起一场"消费关系"的大解放。我们的购买方式、支付工具、分享渠道都在改变，甚至相关业内人士预计，一旦真正进入这个崭新的时代，传统的消费理论和经验都将失效，类似天猫这样的电子商城也将面临巨大的挑战。

1."互联网＋"给我们带来了什么？

通俗来说，"互联网＋"就是"互联网＋各个传统行业"。"互联网＋"不仅正在全面应用到第三产业，形成了诸如互联网金融、互联网交通、互联网医疗、互联网教育等新业态，而且正在向第一产业和第二产业渗透。农业互联网正在从电子商务等网络销售环节向生产领域渗透，为农业带来新的机遇。工业互联网也在从消费品工业向装备制造和能源、新材料等工业领域渗透，全面推动传统工业生产方式的转变，每个消费者甚至可以直接参与到产品的研发中。

在"互联网＋"时代，消费者想在哪家购买或想买什么东西，已经有了可选择的空间、有了充分的决定权，也就是说，消费者已

经成为经济活动的核心。那么，作为一个有眼光和能力的消费者，有必要把自己身边的消费者组织起来，带领大家一起与生产商共享财富分配。因为组织和管理了消费者，付出了劳动，得到收益，这就是商业行为，所以这样的消费者就是一个商人，因此叫"消费商"。新时代的竞争，不是由生产商完成，也不是由经销商完成，而是由消费者完成。花，你本该花的钱；赚，你原本赚不到的钱。将消费者转变为消费商，使他们在消费过程中参与利润分配。

既然消费者从分散走向联盟是一个必然过程，那么作为消费者，今天你不主动去团结别人，使自己成长为一个消费商，明天就有别人来团结你，他会成长为一个消费商。"互联网＋"的变革时代，你不整合别人，就会被别人整合。你不改变思维，就会被时代淘汰。

2. 消费者升级为消费商

进入这个变革时代，作为消费者，在以往的生产消费环节中所扮演的消费者角色也将得以转变，升级成为消费商。比如，从目前迅速发展的微信显示出的巨大威力和渗透力中不难发现，这样一种新的消费模式——"消费商"正在逐渐形成，其影响力也在迅速扩大。

消费升级成为风口已经不是新鲜事了。无论是作为创业者，还是投资人，甚至每个普通用户，都在找寻消费升级的创投机会，使自身投入消费升级的浪潮中。如果真的想使自己由消费者升级为消费商，在这波浪潮中抓到红利，那么至少应该看到当下消费升级的五个层面，如表 3 - 1 所示。

表 3 - 1　当下消费升级的五个层面

事项	内容
品牌升级	过去买个包只看重功能，现在更看重的是品牌溢价。这种消费升级的典型就是奢侈品消费，尤其是国外的奢侈品牌。过去限于购买渠道和销售价格，国人在奢侈品上的消费量虽然不少，但算不上爆发。现在，随着跨境电商的发展，加上各种给力的促销，很多中等收入甚至低收入阶层也都开始在奢侈品上进行消费
品质升级	比如说刀具，过去用的是钢制的，现在用的就是陶瓷刀。过去用的是功能机，现在用的是智能手机。这类消费升级中的商品，无论技术含量还是制作成本、售卖价格都有非常大的提升。消费者对这类商品的品质是非常认可的，价格贵一点也没有问题。比如最近发布的 iPhone7 手机，就是很典型的一个。在懂行的人群那里，买的就是 iPhone 手机的品质；当然在另外一群人那里，可能就是冲着那个纯白的苹果 LOGO 去的
品类升级	道理很简单，过去大家的生活过得粗糙，没那么多讲究，商品没分那么细。但现在不同了，原先没被重视的人群、产品、功能都因为个性化需求的爆发被凸显出来。比如智能手机，出了专门的美颜手机这个品类；比如电商里面出了很多垂直品类的电商（且不论这些公司能否成功上市），专门卖鞋的、卖棉质用品的、卖婴幼儿用品的；等等。笔者认为这也是这波消费升级里最激动人心的地方，因为升级出了新的品类，在这个新品类中又会衍生出新的品牌代表、品质代表。所有有志于在这波消费升级中取得大成就的人都应该盯住新生品类这个方向。不管是"＋互联网"还是"互联网＋"，成为一个新创品类的开拓者无疑是非常令人神往的
性价比升级	性价比升级可以用四个字来形容：物美价廉。性价比升级跟品质升级有相同点，也有不同点，相同之处在于品质都有升级，但品质升级随之而来的是价格上涨，性价比升级价格则是下行的。性价比升级最典型的就是优衣库等快消时尚品牌。它们在品牌和品质（设计风格、用料）上有提升，但因为对供应链的精益管理，使得它们在成本上可以压得更低，从而可以给消费者提供一个更低的价格。这类消费升级往往出现在人们必需的衣食住行等方面。从统计学上看，人们在必需品的消费占比越来越少，其他非必需品的消费越来越多。这两个现象是互为表里的
服务体验升级	这类消费升级很多。比如看电影，过去要去现场买，现在可以在线买，买了准点去看电影。比如网上购物，过去你要等几天甚至一个星期，现在一到几个小时就能收到。很多互联网、电商企业都在"比谁快"这一方面下功夫

总的来说，以上五种消费升级，最根本的还是在于人群消费观念的升级和供给侧供给的升级。比如"85后"、"90后"、"00后"的崛起，女性经济的崛起，要看到这些主流消费人群的变化。在消费侧之外，供给侧的变化更是惊人，尤其是互联网企业的崛起，它们一手拿着大把的资金，一手拿着各种炫目的概念、玩法，几乎彻底摧毁了很多消费者的消费观甚至是世界观。

3. 什么是生产消费商模式

俗话说："风水轮流转，今年到我家！"其实财富的归属也并不是一成不变的，财富归属于那些能掌握市场发展规律的人，归属于那些真正懂人性需求的人、真正懂得用户心思的人。2015年风起云涌，各路电商诸侯都在摩拳擦掌，纷纷迎接移动电商这个颠覆性的时代。在马云和马化腾近几年的"交战"中，马化腾的微信逐渐显示出巨大的威力和渗透力，各行业各产品都在与微信嫁接。微信的爆炸式发展，将迎来一场新的财富机遇，这让马云和马化腾这样的巨头都为之颤抖！这种模式是生产消费商模式。在了解这个模式之前，我们需了解以下两个简单的概念。

第一，得流量者得天下。从滴滴打车到快的打车的"烧钱火拼"，我们应该明白一个很简单的道理，马云和马化腾不是砸钱显露其"土豪"本性，而是他们知道流量入口的重要性，每多一个顾客就意味着未来多赚多少钱，因为得流量者得天下。很简单的例子是："沃尔玛"和"加乐福"商家入驻的价值是由"人流量"决定的；天猫和京东商城的市值也是由"浏览量"决定的。所以，财富的价值取决于"流量"，流量所创造的财富资产叫作"流量资产"。在当下移动互联网时代和未来的万物互联时代，财富的核心点是"流量"。通俗讲，在未来的电商平台中，谁的用户越多，谁的流量越大，谁的平台就越有价值。

第二，流量是由谁创造的？我们每天都在创造流量，当我们路过沃尔玛，我们给沃尔玛创造了人流量；当我们拿起手机，启动微信，我们给腾讯公司创造了"移动流量"；当我们找到"度娘"，我们给百度创造了"搜索流量"。然而这些大佬们"挟流量以令诸侯"，凭借"流量资产"富得流油！各大巨头、传统生意商家都在争夺用户、争夺流量。当他们在用价格战、广告战争夺市场的时候，殊不知这是一场没有硝烟的战争。有没有更好的办法获取更多的用户、更多的流量？商家和平台需要顾客长久性的忠诚，大型网络平台需要更多的流量，然而顾客和网民有自己的选择权，顾客需要一个赚钱的机会，而厂家和平台拥有这个产品代理的机会。我们换个思维一想，就会茅塞顿开，何不把两者的优势结合起来？

我们来看两个经典的案例：

一是"秒赚广告"。这是 2014 年出来的一个模式，看广告还可以赚钱，这简直新鲜到了极致。这个模式就是移动互联网时代的生产消费商模式，顾客每天可以通过看"秒赚广告"的商品广告获取积分，这些积分不能直接转换成钱，但可以通过积分换取同等价格的商品。比如你今天在网上看到了一个不错的特产，你就可以用获得的积分换取这个商品。这时，顾客得到了实惠，厂家找到了精准用户，平台获取了流量，这个模式已经颠覆了传统广告商。很多顾客通过看广告可以发展徒弟、徒弟又可以再发展徒弟，这样层层倍增，完全就是一种直销的网络发展模式。只要用心经营，月入几万元轻轻松松。

二是"云在指尖"。这是一家和微信直接合作的企业，是一个全新的移动商城，当你打开商城之后，就自动生成了一个微店，当你将这个商城首页分享出去之后，有人有意或者无意点了之后就会永久锁定成你的顾客，他和他朋友的消费都与你的业绩有关系。这个模式完全颠覆了传统电商平台，与其他购物商城相比，顾客在消费的同时也得到了一个机会。这个模式诞生仅4个多月，商城已经拥有近1000万的会员。未来这个模式将打劫多少传统电商的"粮仓"，我们无法想象。

面对移动互联网这头"怪兽"，所有的行业都将面临颠覆性的改革。世界五百强柯达破产了，索尼公司也破产了，昔日手机霸主诺基亚也没落了，其实，在这个时代，打败你的只有你自己！当移动互联网思维遇见了更符合人性的生产消费商模式，它将会打劫过万亿的电商市场。马云的淘宝网正面临着抉择，你还有理由去拒绝改变吗？狼真的来了，你准备好了吗？

4. 消费商时代的来临

当前，凡是正常经商的人，都深深体会到生意越来越难做。生产的产品质量参差不齐，品种五花八门，有的甚至达到泛滥的地步。要想把好产品销售出去，真难。因为产品从生产商到消费者这个流通环节的经营也非常艰辛，竞争已超出想象，一个产品如果创出了知名度，就会有冒牌出现，最终受伤害的是生产商和消费者。换句话说，经济活动已进入终端，谁能拥有并锁定消费者，谁就能赚钱。

现在，每一个做生意的人都在想着这件事：如何拥有并锁定消费者？正如马化腾在一次互联网大会上分享：当你的用户群足够大时，你的业务模式不再是问题。也就是说，当你拥有的消费者群体足够大时，你卖任何产品都赚钱，但前提是这个产品是不损害消费者利益的。

在传统消费时代，消费者仅在消费环节中扮演着消费者的角色，消费目的仅为满足生活需求，不直接参与商品利益的分配。现如今，大众消费模式开始逐渐发生变化，消费者在消费环节中所扮演的角色也开始向消费商的角色转变。随着消费商时代的到来，传统的消费模式也逐渐被打破。传统消费模式下消费者的消费行为只是一种简单的消费，而消费商时代下消费者的消费行为不再只是消费，而是一种对商品的投资，经营者通过把商品的一部分利润返还给消费者，让消费者和经营者达成共赢的局面。

消费商主要在做一种（省钱＋赚钱）机会的传播者，倡导"花本来就该花的钱，赚本来赚不到的钱"的理念。只有品牌商、代理商、广告商、店铺经营者赚钱的时代将成为历史，消费者要改变一下思维，做资源的整合者，找到更多优惠的消费渠道，找到更多迷茫的消费者，成为消费群体的推广者，就可以参与到商品的利润分配中去。

消费者成长为消费商，将是一场浩大的革命！这场革命将彻底颠覆我们的商业模式。

消费商模式的核心："消费优惠+利润分享+二度人脉返利"

消费商运营模式的核心是以"消费优惠+利润分享+二度人脉返利"的形式拴住用户：消费者买单有优惠，买单后还有一定的返利（类似于携程订酒店返现），这就是消费优惠和利润分享。如果你邀请他人加入的话，还可以享受人脉返利（仅局限于关系链上两层）。其中的二度人脉返利模式集中体现了消费商运营模式的核心。

1. 解析"二度人脉返利"模式

二度人脉返利指如果你邀请他人加入的话，可以享受人脉返利，条件仅局限于关系链上两层。什么是"仅局限于关系链上两层"的人脉返利？这里举例说明：

A邀请B加入平台，B邀请C加入平台，当C在入驻平台的商家内消费时，不仅 C 有优惠返利，A 和 B 都有优惠返利。但这种返利仅局限于关系链的上两层（靠注册码确定人脉关系）。也就是说，如果 C 再邀请 D，D 去平台内的商家里消费时，D 有优惠返利，B 和 C 也都有优惠返利，但 A 就没有了。

从整个模式上看，它不仅能让用户在消费时获得折扣，还能因分享平台、商铺赚钱，而且从概念上看，分享多少，收益就有多少。因此这一模式在推出之后，还是吸引了不少商铺和用户的眼球。如果要判断二度人脉返利模式是否靠谱，那还需要进一步看其运营方式。

消费商从模式上看，似乎很像"传销"，但不能这么武断，我们还需要一些消息进一步判断，比如它是如何运营的。以某商城为例，它的运营从四个层面出发，如表 3－2 所示。

表 3－2　某商城的二度人脉返利运营模式分析

事项	内容
用户层面	与团购模式不同，在消费商模式下，用户不需要买团购券，因为折扣优惠并不针对特定的产品，而是所有产品。用户只需要在结账前，现场扫二维码，用现金、刷卡或通过电子支付等方式付款给商家就可以。用户结账后，现场就能收到返利
商家层面	用户消费后无账期，资金可快速到账。商家版本的后台，除了能对门店信息进行基本管理外，还可以对优惠、附近（LBS）、预订、会员、推广等业务进行管理。此外，商家还可以查看同行业的排名、自己门店的相关数据、对消费者评价做出及时回应等
代理商	代理商的角色相当于团购模式中的地推，它也有一定返利（所负责辖区里的所有用户返利）。除了开拓新商户、维护商户关系外，也处理一些纠纷

续表

事项	内容
平台层面	平台层面由三个 APP 和 3 个后台组成。APP 是基于 LBS 的 O2O 应用，它有三个版本：代理商版、用户版、商户版，而三个后台则是代理商后台、商户后台、平台方后台。有了这些平台支撑，平台方就可以帮助商家评估业务效果、进行大数据分析、精准推广；商家也可以一对多，同时管理多个商铺；代理商也能同时管理多个区域。值得一提的是，为了保障各层返利，平台方会要求商家缴一定的保证金

2. 消费商模式满足了哪些需求，解决了哪些问题

消费商模式解决了当下本地化电子商务中用户与商家面临的一些实际问题。

对用户而言，消费商模式解决了两个问题：一是不再局限于某个套餐，只要是线上商铺内的商品，都有优惠和返利；二是用户不再有团购的尴尬和区别对待，和会员卡一样，用户直接付款给商家，有利于调动商户积极性，从某种程度上减少了区别对待的可能性。

通过对传统团购模式与消费商所引导模式的比较和区别，可以总结出消费商模式解决了用户的哪些需求，如表 3-3 所示。

表 3-3　从传统团购模式与消费商模式的比较看消费商模式所解决的用户需求

传统团购模式	消费商模式
优惠活动少，种类少，限制多	优惠活动多，折扣多，玩转吃喝玩乐购
买券，获取订单号，先付费后消费	二维码扫描订单，先消费后付费，颠覆传统团购
消费无返利	消费就有积分赠送，还可提现

续表

传统团购模式	消费商模式
邀请好友来消费而无消费返利分享	邀请好友来消费，可以获得分享收益
无会员制优惠，活动之外产品无优惠	一次邀请，永久收益

对商家而言，消费商模式解决了六个方面的问题，如表 3 - 4 所示。

表 3 - 4　消费商模式为商家解决的问题

事项	内容
有助于商家与移动互联网接轨	消费商模式帮商家在手机端免费建立商铺，不仅让传统商户能够与移动互联网接轨，还能够主动做些事，而不是被动地挂在团购网上。主动做和被动做是有明显区别的，前者有积极性，后者只是为了提高客户占有率的无奈之举；前者会主动探索、创新，并思考后续如何做，而后者挂上去就 OK——因为商家自主性低
从帮助商家营销，到让商家能营销、会营销	团购模式只是连接了线上用户和线下商家，它虽然一定程度上解决了信息、连接不对称的问题，但它并没有彻底解决连接问题，只是帮商家营销。消费商模式下，商家所使用的后台能够进行大数据精准推送，特设的擦肩功能，能够精准网抓客户，不断帮商家增加客流，提高品牌知名度
有利于构建用户黏性	团购时代，用户消费完之后，商家没有任何用户信息，无法进行二次营销。而在消费商模式下，首先，系统会保留所有用户信息，商家用会员价引导二次消费。其次，在这些会员中推送的内容关联性强，营销成功率高，帮商家省去了传单等传统方式的营销费用
把线下的会员卡搬到线上，解放消费者	现在的会员卡太多，不少人打开钱包，都是一撮会员卡，如××餐厅打折卡、××KTV 充值卡、××电影院会员卡等。各种卡不仅携带不便，遇到一些新商家还得继续办卡，这样的用户体验实在糟糕。而当线下的中小商家都能够与移动互联网接轨，只要关注这家店你就是会员，在这家店里消费的其他所有产品都有很大的折扣，那么这就把消费者从会员卡上解放出来

续表

事项	内容
不再竭泽而渔，让商家处于良性发展状态	团购模式下，以销售为导向，为了吸引用户不得不大打折扣，这从某种程度上影响到了利润，甚至保本、亏本销售。团购时间一长，商家不得不通过降低服务质量、以次充好等方式维护自己。而在消费商模式下，商家可以随时随地调整优惠，保护好自己的利润。是的，只有商家不再竭泽而渔，保护好自己的利益，才能给消费者提供优质的服务
赢得用户忠诚度	团购的弊端解决了，用户忠诚度自然也就有了

这里通过对传统团购模式与消费商所引导模式的比较和区别，来查看消费商模式解决了商家的哪些需求，如表 3-5 所示。

表 3-5　从传统团购模式与消费商模式的比较看消费商模式所解决的商家需求

传统团购模式	消费商模式
团购网站结算，资金有账期风险	用户现场直接刷卡或现金结算，资金无账期风险
无自己的操作平台，无用户信息及数据分析	拥有自己的操作平台，用户数据全部掌握，大数据分析精准推送
发布活动，层层审核，耗时，周期长	自主发布活动信息，自主招聘，简便、快捷
有偿宣传，排队周期长，用户黏度低，团购终止或减少优惠幅度，消费者二次消费明显减少	免费宣传推广，商家可分析用户数据，采取更好的宣传推广方式，有助于改善服务
无用户消费返利收益	邀请用户做会员，坐享会员终身消费返利收益，直至两代

在当下绝大部分领域生产力已经供大于求情况下，消费商模式的确有用武之地。尤其是商品琳琅满目、良莠不齐，信息真假难

辨，更加剧了人们的"纠结"。这个时候人们渴望亲身体验过的意见领袖，能够登高一呼，分享自己的亲身体验。而这些意见领袖，在享受被众星捧月的同时又获得了金钱上的激励——返利（利润共享），并带领大家获得收益，对于意见领袖而言，何乐而不为呢？而且这种意见领袖目前已经非常广泛，比如，有个女生在某个店铺买了非常漂亮的发卡，当周围人都想买时，女生带他们去买——这个女生就是意见领袖（只不过程度和影响范围较小而已），因为这个女生引导了消费。此时，若有共享利润的权利，势必会有更多的人愿意做意见领袖。

让商家与消费者以及他人分享自己的蛋糕，在过去是不太可能的。然而过去的模式在今天越来越行不通，发传单，硬塞给用户，大多数用户一般匆匆瞄几眼，就扔进垃圾箱里；打横幅，用户视而不见——他们低头在大众点评上权衡，到底是去 A 家好，还是 B 家好？商家耗费了钱财，然而所起作用却越来越小。消费商"消费优惠＋利润分享＋二度人脉返利"的模式，让消费者参与利润的再分配，提高了消费者的积极性，解决了过去模式中存在的问题。而二度人脉返利，也把未来的 SNS 模式导入到本地化生活服务中，增强了用户与亲朋好友的互动关系，进一步将关系沉浸到本地化生活服务中。尤其是那些意见领袖，他们在朋友圈、社交网站等地方传播，是在为商家进行二次营销；将自己的真实体验写出来，等于是给商品、服务二次包装。这有利于商家品牌建设、顾客忠诚度培养。从另外一个角度看，也改善了商家"王婆卖瓜——自卖自夸"

的营销方式和与消费者之间互不信任的状态。消费商这一群体成了提高商家销量的有力补充。

由此看，消费商模式很有潜力，能够成为本地化生活服务的新引导模式。

消费即投资：实现消费资本化

每个人从出生到死亡始终是个消费者，可遗憾的是，消费者以前却很少能参与利润分配，但现在出现了一种新的消费模式，叫消费投资。当消费者购买商品时，生产厂家根据消费者的消费额，把企业利润的一部分返还给消费者。消费者的购买行为，已不再是单纯的消费，而变成了一种储蓄和投资。

消费投资，即实现消费资本化，这将成为消费者升级为消费商、参与财富分配的重要路径，也将成为带动企业发展、提供经济前行动力的重要模式。本部分内容将基于世界新经济研究院院长、著名经济学家陈瑜教授的"消费资本化"理论展开。

1. "消费资本化"理论的核心内容及应用

早在 2005 年，陈瑜就在《今日中国论坛》、《理论前沿》等刊物上撰文介绍了其"消费资本化"理论。2006 年 4 月 11 日，其消费资本化理论专著《消费者也能成为"资本家"——消费资本化理论与应用》出版。紧接着，通过接受采访、投稿等途径，陈瑜又在《中国企业报》、《企业导报》、《中国经济时报》、《商务时报》、《新财经》等报刊上宣讲其消费资本化理论。2007年初，该书的英文版出版。"消费资本化"理论的核心是什么？2007年第12期的《新财经》刊载了《陈瑜大话"消费资本论"》一文。从其与记者的对话中，我们可了解到这一理论的核心内容以及将这一理论应用于实践的基本思路与路径设想，现将其要点分述如下：

第一，"消费资本化"的理论前提。"消费资本化"理论是基于当今社会"消费者已成为市场经济的主人，消费已成为市场的主导力量"提出的。由此，我们应"着眼于从生产和消费双向看问题，并形成消费者的消费行为同时也是一种投资行为的全新视角"，"消费资本导向、知识资本创新、货币资本推动将是国家、地区和企业今后经济增长的基本方式"。

第二，"消费资本化"的核心内容。消费资本化理论的核心内容是将消费向生产领域和经营领域延伸，具体来说，就是当消费者购买企业的产品时，生产厂家和企业应把消费者对本企业产品的采购视作对本企业的投资，并按一定的时间间隔，把企业利润的一定比例返给消费者。此时，消费者的购买行为已不再是单纯的消费，而是一种储蓄行为和参与企业生产的投资行为。实际上是把消费者从产品链的末端以投资者的身份提升到前端，使消费者在购买产品时能分享企业发展的成果，使消费和投资有机结合。买卖双方在这种条件下合二为一，成为一体。于是消费者同时又是投资者，消费转化为资本。

第三，"消费资本化"的应用设想。"消费资本化"理论在实践中的应用设想在其核心内容中已有提及，可具体化为以下几点，如表3-6所示。

表3-6 "消费资本化"的应用设想

事项	内容
应具备的基本条件	陈瑜认为，企业实行消费资本化应具备的条件包括：一是实行消费资本化的企业要建立一个客户电子信息交换系统；二是要建立一个集企业管理、市场营销、信息管理和服务及金融服务为一体的、互动式的信息网络；三是要建立一套完备的质量管理体系和完善的客户服务制度
适用范围	陈瑜认为，其"消费资本化"理论适用的范围非常广泛，但最适用于民航、房地产、汽车、家电等耐用消费品和日化用品、食品饮料、烟酒等快速消费品生产企业
具体方式	陈瑜认为，给消费者的返利不是来自产品加价或企业利润降价，因为这等同于商业欺骗，会损害企业所有者权益。他主张返还给消费者的投资的利润应来自消费资本化给企业带来的规模经济效应、广告宣传效应和市场竞争优势
投资偿还周期	企业返利给消费者的周期是3~5年。因为如果归还期太短，企业可能会出现现金周转困难；如果归还期太长，消费者可能会疑虑企业是否有能力并愿意返还投资
方式因产品价格高低不同而异	陈瑜认为，对于住房、汽车、家用电器等高单价产品，消费者的一次性购买就可以作为消费资本。对于单价较低的产品，企业可以设置一年累计最低消费额作为消费者获得消费资本的条件。当年满足最低累计消费额的消费者可以获得企业返还的投资额，当年未满足最低累计消费额的消费者可以将消费额按一定比例顺延到下一年

续表

事项	内容
企业如何记录消费信息	陈瑜认为，消费资本化的企业记录消费者消费信息的方式因行业、产品和销售渠道的不同可以多种多样。直接面对消费者的厂家，可以建立客户电子信息系统；通过商场、超市、专卖店销售产品的企业，可在产品包装中附上消费者信息登记卡，由消费者自行填写并寄回企业，企业再录入客户电子信息系统

第四，"消费资本化"理论需要高度的自我评价。在与《新财经》的对话中，陈瑜表示，"消费资本化理论的提出是新的市场经济理论体系形成的标志"；相对于传统的旧的市场经济理论，他的"新的市场经济理论"提出了"消费资本导向、知识资本创新、货币资本推动将是国家、地区和企业今后经济增长的基本方式"，因而是一种"理论创新"；其消费资本论"既是对原计划经济理论的扬弃，也是对西方传统的市场经济理论所做的历史性和批判性的评估"；其消费资本论具有如下价值，"它找到了一条符合大多数人利益的经济学途径，构筑了一个对富人、穷人都适用的、共赢的经济平台，因而它是一种'共富'的理论，也是新的资本理论体系形成的标志。这一理论是中国市场经济发展实践的理论总结，是源自中国本土的原创的体系性理论创新"；此外，他的消费资本化理论还是"扩大内需的理论支撑"；等等。

通过陈瑜的"消费资本化"理论，我们可以这样理解消费资本化：创富是指消费者购买企业的商品后，利润是由消费者提供的，消费者对企业做出了贡献，使企业不断壮大，那么企业应该给消费者相应的回报。企业应把消费者的消费视作对企业的投资，并按一定的时间间隔，把该企业利润的一定比例返还给消费者。如果消费者能够享受到这种消费收益，就能从消费中不断产生出新的更高的消费热情。这在一定程度上消除了买卖双方的对立，化解了消费者和生产者之间的根本矛盾，使消费者和投资者有机结合，两者成为一体。随着经济的发展，越来越多的领导、企业家深刻地认识到消费者才是市场竞争最终的决定性力量，是市场的主人，是新的资本动力的源泉。谁能赢得最多的消费者，谁就能拥有最大的市场和巨额的资本注入。

消费也是投资，消费者也能成为资本家，而且这种消费投资赚钱天经地义，合情、合理、合法。下面我们从"消费资本化"理论的角度展开讨论。

2. 什么是消费投资

消费投资是从生产到流通，进而演变成生产与消费直接见面，直接挂钩，从而派生出"产销联盟"或者称"含权消费"的一种投资方式。如果把消费额作为一种消费股份（即消费资本）与企业的效益挂钩，消费者不再是单纯的被动消费，而是含权的、主动的、有效益回报的消费，能实现消费者与企业的共赢。

按照"消费资本化"理论的观点，消费投资是一切资本产生的源泉，任何商品只有为消费者所消费，才能体现出其中的价值，如果只是停放在库房之中，那永远只是一种摆设，一堆废物，只有消费才能积累大量的消费资本，没有消费就没有生产，消费量的大小直接制约着生产量的大小，如果消费能力低于生产能力，那么生产能力就不可能进一步发展和提高，生产能力不能充分发展和提高，就会浪费和闲置大量的生产资源，从而造成尖锐的社会矛盾。因为消费不仅带动了商品的生产和流通，而且还为其他资本的生产和积累创造了条件。

消费有着其内在的发展动力和规律，消费不只是一种结果，它还是生产和财富的源泉。消费的过程是一个持续过程，人们的衣食住行都离不开消费。消费不仅是个别行为，还是社会行为。随着人们经济收入的不断增加和精神、文化、健康、保健、休闲娱乐等追求的不断提升，消费需求也愈来愈大，而消费作为资本应该参与社会财富的再分配，这是社会的进步、消费理念的更新。只要我们注重科学地开发消费资本，不断满足人们对消费的需求，就能促进社会经济的迅猛发展。

消费资本参与分配是社会资本投资合作及融合的必然趋势，消费是有价值的。消费价值是指刺激生产力的发展，带动新的生产（服务）实现新的增值利润价值。任何商品，只有进入市场、卖出去才有价值，如果生产不与消费联系起来，生产是没有任何价值可言的，而价值又是不能靠自己决定的。价值衡量的标准是人们彼此联系交往的社会关系，价值是在交换和比较中产生的。正如马克思所言，交换价值是价值的实现形式。因此消费资本参与分配，是社会资本投资合作与整合的必然趋势。

3. 消费与投资的结合

消费与投资是社会经济范畴内两个不同的领域，消费返利把这两个不同领域有机地结合并统一起来，消费派生了"投资"；而投资蕴含于消费，消费与投资的结合在经济领域里是一个跨时代的进步，它促使买卖关系由对立走向统一，走向和谐。

消费与投资有三大功能：一是投资的功能，消费越多等于积累投资越多，投资的回报也越多；二是储蓄的功能，消费越多等于存款越多，储蓄的利息回报（即消费返利）也越多；三是保险的功能，消费越多等于保险越多，得到的社会保障越多。在这之中，消费返利让消费者第一次知道消费不是一种终端行为，而是一种有价值的行为，一种投资行为，一种含有利益需求的行为。它真正实现了生产资本、流通资本和消费资本三者的统一，真正实现了生产者与消费者的统一，真正实现了消费行为与消费价值的统一，它让简单的"消费返利"、"消费积分"、"消费返券"更加科学化、制度化、人性化、社会化。

4. 消费者是最权威的投资者

在传统经济理论中，人们一直认为是资本、劳动和科技创造了财富。但随着经济不断发展，越来越多的企业家深刻地认识到消费者才是市场竞争最终的决定性力量。因为他们既是市场的主人，又是企业注入新资本动力的源泉。因此谁能赢得最多的消费者，谁就能拥有最大的市场和巨额的资本注入，"消费资本化"理论的构建正是以此为基础的。

"消费资本化"理论的核心内容是将消费向生产领域延伸，当消费者购买企业的产品时，生产厂家和商业企业应把消费者对本企业产品的采购视作对本企业的投资，并按一定的时间间隔，把企业利润的一定比例返还给消费者。此时，消费者的购买行为，已不再是单纯的消费，他的消费行为同时变成了一种储蓄行为和参与企业生产的投资行为。于是消费者又是投资者，消费转化为资本。

这实际上是把消费者从产品链的末端以投资者的身份提升到前端，使消费者在购买产品时，既能分享企业发展的成果，同时也为企业发展注入新的动力，使消费和投资有机结合。从而使买卖双方在这种条件下成为一体，完成消费转化为资本的过程。这样，消费作为一种资本，它同货币资本、知识资本一样成为企业和地方经济发展的直接动力。

5. 新型的消费投资模式

"消费资本化"理论认为，新型的消费模式应是：交易的结束并不意味着消费关系的结束，而意味着新的利益关系的开始。让消费资本转化为投资、创业资本，让消费者转变为企业合伙人，把企业发展的红利分享给消费者。企业因消费者发展壮大，消费者应分享企业发展红利。

在新型消费模式下，消费资本不再仅仅是消费资本，还可以转化为投资资本、创业资本；消费者也不再仅仅是消费者，还是企业的共同创业者、合伙人；消费行为不再是单向地花钱，还可以投资、创业、赚钱。

企业在保护消费者权益的同时，还可以让企业直接获得准确的消费者个人收入、消费习惯、产品偏好，一方面，有助于企业在产品开发、市场定位、售后服务方面更加符合消费的期望和爱好，从而使企业具有更大的市场竞争力优势；另一方面，消费者可以通过提供这些信息获得符合其意愿和偏好的产品及服务。这对于消费者、企业来说都是非常有利的。

变革落后的消费模式，运用新型的消费理论，提升消费者的社会、经济地位，重视消费者的利益，进一步释放消费活力，让消费之力更有力地推动我国经济的发展，让中国成为世界消费者的天堂，为构建和谐社会、实现共同富裕提供新的动力。最终实现人人都是企业合伙人、人人都拥有平等的社会地位、人人都平等地参与利益分配，这是广大消费者的愿望。

消费即创业：消费致富是一个神奇的商业模式

我们每一个人都可以通过消费创业创造出很大的财富和自由，只不过我们把这样的消费创业机会拱手让给了别人。我们先来算一笔账：

假定你的家庭一个月洗洁精平均消费 3 元，全年消费 36 元；洗衣粉平均月消费 5 元，全年即 60 元；洗澡用的沐浴露平均月消费 10 元，全年消费 120 元；洗发水平均月消费 25 元，全年消费 300 元；牙膏平均月消费 7 元，全年消费 84 元；预防疾病健康方面平均月消费 300 元，全年消费即 3600 元；女士用于皮肤护理、美容方面的月消费 200 元，全年消费 2400 元。这样估算下来，一个家庭平均每年在上述方面的最低消费至少有 6600 元。你在当地的大商场里每年消费 6600 元，商场会给你打几折呢？事实上商场没有折扣，最多是办张积分卡，到年底你只能凭积分兑换一些礼物，基本上没有回报。

假设你现在是 30 岁，按照人口平均寿命 76 岁来算，你至少还可以活 46 年。在未来的 46 年当中，你将要把辛辛苦苦挣来的财富支出去 30 万元以上，而你却没有一分钱的回报。如果在这 46 年当中，你影响了 100 个家庭做与你相似的消费支出，那就意味着在未来的 46 年当中你做了一笔营业额超过 3000 万元的生意。按照生意的最低回报率 5% 算，在未来 46 年的消费过程中，你应该有 150 万元的收益。如果这 100 个家庭中每个家庭再影响 10 个家庭，那就等于在未来 46 年里，你将要做一笔超过 3 亿元营业额的生意，而你也应该能创造超过 1500 万元的效益。

可现实却是，我们把本应该属于我们的、可以通过消费创业创造出的财富拱手让给了别人。可见，我们每个人都应重新认识消费观念，即要有智慧地消费——消费即创业。

1. 如何理解消费即创业

美国《财富》杂志将新千年称为"消费者的时代"是有道理的。21 世纪是一个财富再分配的时代，每个消费者都有机会参与财富的分配，也就是你可以由一个单纯的消费者转变为消费经营者，即成为一名消费商，在消费的同时还可以赚钱。

网上购物的出现，大型折扣连锁店的扩张，商品价格和服务费用的不断下降，每年都可以为消费者"节省"几十亿美元。但是，当消费者购买打折货物时，他们真的是在"省钱"吗？当他们兴高采烈地花着钱，却没有意识到自己把自己"买"向贫困线，而大型的电子零售商和零售店主们正收获着前所未有的利润！比如，当你以六折的价格购买一件 100 元钱的商品时，你不是"省下"了 40 元钱，而是花了 60 元钱。当你从你的净资产中拿出 60 元钱来买一件消费品，你不仅是失去了 60 元钱，你还失去了用这 60 元钱去投资，以便在将来赚取更多钱的可能。所以说，消费行为是对你的净资产的一项消耗——消费行为把钱从你应该通过某种方式获得的利润中抽走，而不会增加利润。

事实上，绝大多数的消费者永远不能获得财务保障，因为长期以来，他们受广告诱导去购买那些随着时间流逝而失去价值的产品和服务。消费者的思维是花钱，这必然导致资产的缩减和梦想的破灭。而那些销售打折商品的大型店铺，为自己和股东们创下了前所未有的利润。

消费商的思维应该是通过消费投资来创业，目的是赚钱和建立资产，这是创造财富的重要路径。在这里，要感谢那种打破传统观念、建立起新的消费观念和方式的人们，他们的理论和实践使普通消费者能够同时享有两个世界的好处——可以在消费的同时生产财富！所以，通过消费投资来创业的消费商的思维应该是更聪明地购物，而不是更便宜地购物。在此基础上，如果你有自己的店铺，当其他消费者从你的店铺买东西时，你教他们做同样的事情，即在消费的同时生产财富，他们就会和你一样变成消费商。所以，经营生意不要只是自己做，要联合其他人，带领大家一起创业，一起致富。

消费即创业——这个简单的概念，正在引起人们购物和工作方式的一场革命。当你将自己的思维和购物习惯从短期的消费者模式转换到长期的生产消费者模式时，你就改变了自己的生活。

2. 消费型创业时代到来

前几年的春晚小品里有这样一句台词："人生最痛苦的事是人死了，钱没花完；人生最最痛苦的事是人活着，钱没了。"对于这句话，没有人愿意选择后者。我们从踏入工作一直到退休，到底是想致富还是致负？M型社会到来，贫富两极分化，要穷要富自己决定，将来的人要么成为富翁，要么成为"负翁"。

努力让自己成为富翁已经不是梦想，而是责任。《富爸爸穷爸爸》中提到：知道努力为别人或为钱工作是不对的，却依然无法摆脱穷爸爸的思维，依旧辛苦工作，埋头苦干。很多人也选择创业，投入了资金、时间，成功的却是少数。既然个人创业已是趋势，那我们应该如何选择创业模式？

就创业的类型而言，一般有三种类型：一是自己创立一家企业；二是购买特许经营权，加盟一个品牌；三是个人创业首选，就是生活创业。

前两种创业模式对一般想创业的人来说不那么简单，都必须要有足够的财力、人力、物力及专业知识。那么，还有更好的方法适合个人创业吗？这就是生活创业。

所谓生活创业，就是消费者以自己喜欢的生活方式感染其他消费者，分享自己的生活体验，同时也让其他消费者来体验，并且把这种模式变成创业模式，这就叫生活创业。

台湾著名行销趋势学专家林宗伯在其著作《热迷行销》（第1版）中说："为你所爱的产品代言，为你喜爱的品牌代言，为你偏好的任何一切，做最佳的行销管道。"

营销的最高境界就是创造一种生活体验，这个体验让消费者难以忘怀，成为热迷消费者，而这些消费达人不断散播难忘的经验，使得更多人成为热迷消费者，体验同样的产品而引爆浪潮。

既然生活创业已是趋势，我们该如何做才能搭上这班个人创业的列车呢？重点是什么样的商业模式和平台，能帮助我们从销售型创业转变为消费型创业。

消费型创业就是影响力创业，这种商业模式也称为直购"三部曲"：

第一步：消费者就是体验者。消费创业的本质就是体验，完全以消费者为核心，借以吸引消费者，留住消费者，使消费者数量倍增。

第二步：体验者就是影响者。当消费者拥有美好的体验，人性的本能会驱使他到处分享，他就会变成影响者。

第三步：影响者就是创业者。就像名人代言一样，很多国际巨星拥有巨大的影响力，能影响上亿的消费者，消费代言将引爆体验者创业热潮。

和以往一样从事销售型创业已经越来越难，收入越高时间越少，生意好人倒（有钱没闲），生意不好店倒（有闲没钱），稍有疏失或停止工作则收入归零；消费型创业越来越聪明，收入越高时间越多（有钱有闲）。可以断言，21 世纪是消费者的世纪，消费型创业将逐步淘汰销售型创业。

3. 消费即创业——未来的主流模式

消费即创业这种消费模式在未来将成为主流。也就是说，在未来生活和经济发展中，买产品的人会成为卖产品的起点，且能在这个过程中获得应有的回报。这是未来商业形态当中一个非常重要的核心与趋势。

广东有一家非常优秀的做地暖的企业，100 平方米地暖市场售价一般是 6 万元，他们按 29999 元直接做终端销售，既没有中间商也没有经销商，中间代理商的部分全部砍掉。企业开发了一个像优步（Uber）一样的平台，消费者购买了他们的产品之后，就可以成为他们的合作伙伴，登录其平台 APP，然后点一下 APP 上的本人在线，所在小区或者附近小区想买地暖的人就会看到并向消费者咨询有关地暖的信息，而消费者就变成了该产品在这片区域的代理商，每销售一套地暖可获得返现 2000 元。从买一套地暖起，你就开始创业了，这种模式就是消费，即创业模式。

伴随着"消费即创业"模式的流行，会有更多认为产品好且喜欢该产品的人自动成为该产品的传播者。而未来的 DT 技术（数据技术）和 IT 技术都将达到实现其广泛传播的程度。有影响力的用户，已经不再仅仅满足去做一个传统意义上的自媒体，而是想要切实参与到商业价值的创造过程中。

消费即创业，自由时间与分享可以获取自由财富。从重塑传统商业价值分配原则看，好的利益机制会激发用户的持续参与热情，既可以帮助朋友，同时又能获取一定的收益。获利冲动是一种人性内在的欲望，这是人性的一部分。会有很多人渴望付出自由时间的同时也能带来一定的利益，这是人性发展趋势，必然会成为主推新商业的力量源泉。企业要学习先进的经营思想，如果没有新的思想做指导，只能被固化在传统的商业模式中而无法前进。

4. 消费升级时代，必须掌握好创业方向

对具体的个人而言，当创业者在寻求创业方向时，从市面上各

种各样的数据报告中，总能看到一些某某市场规模动辄 3000 亿元、上万亿元的预测，为什么一头扎进这个领域创业，发现精准的目标用户却不容易？为什么创业者在去融资时，信心满满，感觉一个创业方向的市场无限大，但投资人却直言市场容量太小？种种类似关于消费升级创业机会、市场规模的偏差或者对创业机会难度的判断，成为创业者在选择消费升级方向时常有的困惑。

其实，消费升级项目之所以是创业公司的机会，一个核心前提是市场空间足够大。在消费升级之后，还有足够的空间进行延展，才具有高成长性的可能。创业者在找寻创业机会的过程中，可能会产生很多市场规模的误判或者对于升级难易程度的错误评估。看起来很大，其实仔细看来比较小，或者现阶段没有太多消费升级的需要，或者传统品牌在此领域根深蒂固，不是一个创业项目能进行互联网化改造的，诸如此类。据不完全归类，那些看上去很美，却存在创业机会错觉的情况有以下几种：

第一，看起来很大，但却是切得很碎的市场。比如青山资本之前探讨过的儿童市场。儿童市场看起来是尚在初级阶段，不断增长，用户生命周期长，是付费意愿强烈的市场。每年新生儿不断增加，加之二孩政策放开，这是一个极其具有诱惑的市场。但是，需要注意的是，无论是婴儿还是儿童，虽然都称为"儿童"，但因为年龄不同，各自的需求差别很大，所以会呈现"一岁一个市场"的态势，在满足用户需求上并不具有规模化效应。所以市场被切割得支离破碎，看起来儿童市场很大，但创业者具体的切入点所能直接拓展的人群非常少。除了儿童市场，教育市场也有类似的情况。

第二，看起来有创业机会，但传统品牌根深蒂固。经常出现一种情况，创业者发现一个传统领域有一些痛点，同时发现该领域还没有创业项目，仔细看市场上的零售数字非常可观，觉得机会很大，于是兴致勃勃地向这个领域发起了消费升级的猛攻。创业者最经常出现的问题是，低估了该领域的消费升级难度，和该领域的强势品牌直接火拼，有强攻，没有智取。消费者最在乎的比如安全等特性属于传统品牌的强项，但创业公司并不具备，或者没有明显优势。不具名地举一个女性的高频用品的例子，过去几年，也有一些创业公司希望用互联网的手段进行消费升级，但鲜有成功。可以想到的原因有：对某些产品安全要求比较高的品类，消费者的决策很慎重，这种传统品牌的消费者信任感有非常坚固的壁垒。要在这样的领域取得突破，仅有简单的产品和渠道微创新是不够的。

第三，消费升级的机会本身靠品牌难撬动。与第二种情况不同，也有一些并没有强势品牌的传统领域。举个例子，在人们的生活刚需里，存在一些有品种没显著品牌的商品。比如茶、农产品等。茶有龙井、茉莉花茶、普洱等，除了品种的划分，地域品牌的形象很强，比如安徽、信阳、武夷山等。这些市场属于刚需，人们的消费力很强，很明显，有很大的消费升级的创业机会。但是面对有品类无品牌的现实状况，看起来很难突破固有的壁垒。其实不然，消费升级的品牌是产品品质、品牌营销等一系列因素的综合结果，仅有品牌的升级是无法完成消费升级的。作为打造品牌的最核心的一步，提升产品品质，打造一支"正规军"，和其他"杂牌军"分隔开来，对品牌的跳脱更有帮助。比如，一家新兴的互联网坚果品牌，就是对初级农产品进行标准化加工，在品质上实现差异化，才从坚果品类中脱颖而出。

第四，立场和资源不同，导致的创业机会认知偏差。与前三种情况不太一样，这是创业者和投资人双方的立场及资源不同导致的认知偏差。简单来说，创业者所理解的市场规模和机会，与投资人所理解的市场规模和机会是不一样的。投资人在推导市场规模或者一个创业方向是否可行时，立场相对中立客观，通过数据等方式进行预测，寻找适合做这个方向的团队。成熟的创业者会把市场需求作为最核心的考量点，但由于受其视野、资源等限制，最后做出来的项目一定是"市场需求"和"我能做什么"的交集。投资人则完全没有"我能做什么"的约束，这是双方最大的不同。无论是创业者还是投资人，在决定一个消费升级机会时，先确定需求的真实性，升级的难度，确定该消费升级的机会是否可行。具体到做的环节，在与传统市场进行 PK 时，更要"避实就虚"，做出自己的差异化，避开那些看上去很美，但一踩成空的"坑儿"。

总之，我们每个人都可以有更好的人生，都应该拥有上百万甚至上千万的财富。为此，要重新认识消费，改变消费观念，做到智慧地消费——消费即创业。

企业直销模式：让消费者成为消费商

　　企业直销改变了原来生产领域、流通领域和消费领域的固有模式，打通了消费终端，让企业直接对接消费者，并通过一定的利益分享机制，让消费者成为了消费商。

1. 消费过程中隐藏的直销秘密

　　美国经济学家认为，世界最大的财富正隐藏在消费过程中，消费市场就是一个硕大的"金矿"。经济学家给人一生的消费算了一笔账：

　　第一，白天赚钱昼夜消费。人的一生可分为三个阶段：25 岁之前是第一个阶段，25～55 岁是第二个阶段，55 岁以后是第三个阶段。这三个阶段都在消费，而只有第二个阶段在挣钱，其余两个阶段属于纯消费阶段。因此，一个人想要富有，仅仅学会赚钱的本领是远远不够的，更重要的是学会管理自己的消费。

　　第二，20% 一次性消费和 80% 重复消费。即使是能赚钱的第二个阶段，在每天 24 小时当中，只有 1/3 的时间（8 小时）在赚钱，而 24 小时都有可能不断地消费。如晚上看电视、用电脑上网、睡觉用的被子和床等，都是消费品。

第三，一个家庭2人赚钱7人消费。在家庭消费过程中，通常只有20%的消费用于住房、交通工具等大额消费，例如，一代人购买一套房子，全家人购买一辆车，不再重复消费。而80%的消费用于日常重复消费品。如洗涤用品、化妆品、衣服、食物等，都属于重复消费品。可是，多数人偏偏习惯于将房子、车子视为一种投资，却忽视了80%的日常消费。而正是在日常消费的背后，隐藏着巨大的财富。

第四，1个人累计的日常消费。今后很长一个时期，我国人口结构决定了每个家庭是"4＋2＋1"组合，即夫妻双方的4位老人、2位青年夫妻、1个夫妻所生的孩子，一个7口之家，7个人在消费（二孩政策下则可能选择"4＋2＋2"组合的8口之家）。可见，2个人的收入和与此无关个人的消费相比，显得太卑微了。

第五，1人消费产生的利润。按2010年北京市人均消费18165元计算，一个人如果活到75岁，一生累计消费136万元，其中有80%（109万元）用于日常消费。

第六，7口之家的消费利润。假如传统企业将日常消费品卖给批发商，产生28%的利润，批发商再卖给零售商，又产生28%的利润，零售商再卖给消费者，再产生28%的利润，商品在流通过程中累计产生84%的利润，仅商家就赚走了消费者92万元的利润。

第七，如果一个7口之家，每人寿命为75岁，至少被商家赚走了92×7＝644（万元）的利润。

第八，如果将一个家庭的日常消费视为一种投资或理财，并加以有效控制和管理，那么这 644 万元的消费利润，就会源源不断地返还给消费者。

消费账算下来，得出的结论其实很简单：只需要消费者把家庭开销中的一部分换个品牌用一用，因为产品品质好，消费者会很自然地告诉给他的朋友们，朋友们因为消费者的告知聚集起来，共同加入这个联盟一起换品牌消费。厂商感恩消费者的付出，把原来被中间流通渠道赚走的利润返还给消费者。这就是所谓的消费投资，开支变收入。

美国经济学家发现了这个秘密之后，便在世界上迅速地推广开来，它将原有的商品流通环节中的工厂、批发零售商、消费者，变更成了工厂直接对接消费者，减少了批发商和零售商两个中间流通环节，把原来被中间流通环节赚走的利润返还给了消费者。这种改变生产、流通、消费领域固有模式的做法，正是直销魅力的体现。

2. 为什么名企都选择直销模式

2016 年至 2017 年，是中国经济增速放缓的一年，也是直销行业备受考验的一年。值得庆幸的是，在各种传销、虚拟币、微商等因素的影响下，直销监管部门对直销行业从以监管为导向转向促进直销产业发展与严厉打击各类传销并驾齐驱，直销行业在不断发展。据相关统计，到目前为止，全世界已经有 100 多个国家有直销业的发展。在全球，参与直销业的销售人员有 4000 万，直销对于全世界的市场运作来讲，是一个正规的方式，众多行业已改变商业模式为直销模式，并且日渐成为社会主流。

这些名企开始走直销商业模式了：茅台酒走直销了；近30家银行也直销化了；首家航天企业北京东方红拿到直销牌照；小时候喝的康恩贝止咳糖浆也拿到直销牌；同仁堂拥有世界级品牌知名度的药企也开始走直销了；东阿阿胶从小作坊做到上市公司，最终还是走上了直销这条道路。相信未来，还有更多的保健品、茶、饮料、衣服、鞋子、首饰等开始进军直销模式。

为什么都选择直销模式？"直销模式"实质上就是通过简化、消灭中间商，降低产品的流通环节成本并满足顾客利益最大化需求。简单地说，即生产商不经过中间商，把商品直接销售到顾客手中的，减少中间环节、降低销售成本的一种销售模式。在非直销方式中，有两支销售队伍，即制造商到经销商，再由经销商到顾客。

此外，直销行业最令人振奋之处莫过于：所有的决定都取决于自己，一切操纵在自己手中。直销既是一项报酬最高的艰难工作，也是一项报酬最低的轻松工作，其特点如表3-7所示。

表3-7　直销工作的特点

事项	内容
自由	直销是一份自由的工作，你可以做你想做的事，并凭着自己的能力和坚韧不拔的精神，为自己赢得事业的成功，没有任何工作比直销更能体现你的人生价值，没有任何工作比直销更取决于你对工作的进取心
无收入限额	你能达到你希望达到的成功，在直销业中，除了你自己以外，没有人能限制你的收入，你的收入是永无止境的

续表

事项	内容
有趣的事业	直销工作是新鲜有趣的，有多少人为了生计而乏味地工作着。生活应该是有乐趣的，尤其是在为了养家糊口而挣钱的同时，更应该充满乐趣
事业成就感	直销工作将赋予你极强的成就感，当你用自己的专业、能力、技巧服务于他人，帮助他人获得了成功的同时自己也获得了丰厚的经济利益
挑战自我	直销工作每天几乎都有挑战，销售团队建设是核心，一对一沟通更是对自我的一种挑战，当你在看到身边的人都在干这份勇于挑战自我、战胜自我的工作时，你就会感觉到他们在这项工作中找到了自我，真正体现了人生的自我价值，你就会认为这是一份真正值得你去挑战的工作
风险小，无压力	直销员是消费者、经营者、投资者三者合一的角色，通过消费产品达到一种创业需求，不用担心资本积压，生意亏空；你所需要花费的只是时间和精力，用心学习产品知识，提升专业技巧
潜能的开发	直销是最能开发人们潜能的职业，除了你自己没有人能限制你的成长。在直销里面，业绩一般都是一个团队一起创造出来的，而不是单靠你一个人完成的，所以你在和你的团队一起打拼的时候，你会发现很多你在其他行业里不可能发现的现象
稳操胜券	直销是一个滚雪球的过程，越滚越大，业务会开展得更为广泛。顶尖的直销员，可能会牵动公司的命脉，所以，企业会很重视你，不用担心被炒鱿鱼，即使进入新行业、新领域，也能够很快成为专业人士，做出好业绩

　　直销风暴确实来了，你还能轻易地对直销说不吗？了解直销，看懂直销，洞察先机，掌握趋势，或许就是每个人改变命运的一次良好契机。

3. 企业直销的四种模式

　　企业直销有四种模式：双轨制、双轨＋级差＋电子商务、太阳线制度、矩形制，如表3－8所示。

表3－8 企业直销四种模式及其代表企业

事项	内容
双轨制	双轨制是一种组织结构，具有制度简单、容易操作等优点，能够促进直销企业的快速发展。直销企业只需开发两个销售市场，就能够形成一个销售网络体系。具体来说，就是公司内的所有员工都按照公司制定的两条轨道发展，同时发展其他人，作为自己的下一层级，以此层层递进。但双轨制的直销模式也存在一定的缺点。例如，容易出现"大象腿"，只有每一层级的人都具有雄厚的实力，才能保证团队业绩的提高。代表公司有美安、幕立达、优莎娜等
双轨＋级差＋电子商务	这种直销模式是目前直销行业最新，也是最常采用的模式，它将级差双轨、矩形加双轨以及级差加矩形等的优点融为一体，并借助电子商务平台发展，具有门槛低、制度设计人性化以及变革灵活、运营成本低、风险较小等优势。目前，我国的企业普遍存在低成本投资的求稳心态，而"双轨＋级差＋电子商务"直销模式恰好能够满足他们的需求，因此在我国有着广泛的市场。但这种直销模式也存在一定的缺陷。例如，其采取的按时对碰形式不利于激发企业的积极性，并且采用的评估标准不一，不同的直销企业的加盟金额不同，不利于企业规模的扩大。代表公司有亚洲生活网、盛仕铭、永春堂等
太阳线制度	企业在直销发展的初期，可以管理所有的部门成员，同时公司的每个人都有带领团队的机会，整个团队的结构布局如同太阳线一样；但随着公司规模的壮大，每个人都能成功带领自己的团队，都有资格成为队长，这也意味着每个人都只能做团队成员。而当团队数量迅速增多，超过企业的控制范围时，便会对企业的发展起阻碍作用。直销企业需要在管理团队上耗费大量的人力、物力和财力，不然会丧失市场竞争力。代表公司有安利、康宝莱、玫琳凯、雅芳、永久、嘉康利等多家老牌直销商
矩形制	直销企业发展到第二时期的形式，也可以称为改良型阶梯制、压缩制，企业通常会选择矩形制的直销模式。直销企业将直销商的发展线划到矩形相邻的两条边上，在发放奖金时，不需考虑人数的多少，只需按照矩形的相邻边来计算。矩形制的优势在于避免企业在快速发展的过程中，因人数的增多而对企业产生负面影响。但是，这种直销模式不利于激励直销商的积极性，从而导致直销商与企业发展不同步。代表公司有新立新世纪、美乐家、仙妮蕾德、克丽缇娜等

以上提到的直销的四种模式各有优劣，企业在发展的过程中，需要结合自身的特点，选择合适的直销模式，切勿盲目跟风。

每一个直销公司，如安利、雅芳、玫琳凯等都有不同的运作模式。下面我们来看看安利的直销模式。在出口、投资都萎缩的当下，13 亿人口的消费已是国家大力支持的产业，"拉动内需"的口号已经喊了几年，只有打破原有流通渠道分配方式，让消费者参与消费中的利润分配，让消费增值，开支变收入，广大国民才会踊跃参与到消费中，真正拉动内需。看安利的直销模式，或许可以从中找到答案。

安利作为直销龙头企业，其太阳线奖金制度被美国哈佛大学的经济管理系市场营销学视作典范案例，也是中国人民大学工商管理MBA 教程的经典案例和必修课程。美国微软总裁比尔·盖茨也曾称赞安利的制度简直无懈可击。安利制度是典型的太阳线制度，其一整套激励机制非常合理、公平、公正，受到广大销售人员的高度认同，其科学、透明、人性化的设计，成为直销行业制度的典范。

安利直销模式的特点是不需要固定的商业场所，由销售人员向消费者直接销售。在这种直销模式下有一个重要概念，就是消费商，即由消费者变成经销商，在消费的基础上进行产品销售，将自己的消费体验与他人分享，进而达到销售的目的。

直销商不一定都是消费商。在直销商中，也有一部分人对所推销的产品无消费体验。但安利的直销商大部分都曾经是消费者，也有一部分直销商是长期消费者。要使某人成为消费商，首先要让他成为消费者。而安利吸引消费者的武器是：高质量的产品加上亲朋好友的极力推荐。

安利通过消费商推销产品，具有以下优点。其一，对于一般消费者来说，消费商有两个可信：一是消费商对该商品已经进行过长期消费，由他所传达的信息不是厂家的自卖自夸或商家的虚假广告，而是自己消费后的亲身体验；二是消费商是自己的亲戚朋友，同事邻居，一般不会骗自己。正是由于这两个可信，信息传递的效果比较好。其二，消费商一般都利用家庭聚餐、朋友聚会、走亲访友等场合顺便推销产品，交易成本比较低，甚至是零成本。其三，由消费商进行直销，能有效地避免假冒伪劣。现实生活中的确有一部分人通过传销"杀熟"，但这种"杀熟"行为的代价是非常大的。为了获得一点点商业利益，失去一大批亲朋好友，一般人是不会这么做的。

一个人消费了安利的产品后，不一定会推销安利的产品。要将消费者变成消费商，需要足够的激励机制。为此，安利有 12 个等级的奖励政策，这些奖励政策包括两个方面：一是激励推销的政策，即按销售额给予 20% 的奖金；二是激励织网的政策。这里面包含了10 多个等级的奖励。有些奖励甚至可以终身享有乃至继承。这些奖励的立足点不是激励人们销售，而是激励人们去寻找并动员更多的人加入到安利营销队伍中，并对这些加盟者进行精心培养，将自己的销售经验毫无保留地传递给自己所发展的每一个成员。这个网络越大，网络的质量越高，整个网络销售的业绩越突出，织网者所得到的奖励也就越多。正是这种激励政策，成千上万人被吸引到安利的营销队伍中来；正是这样一支按几何级数增长的庞大的销售队伍，短短几年内，使安利在中国的经营业绩达到了 100 多亿元。

尤其值得注意的是，作为直销龙头企业的安利已经开始实施"O2O"，并有了好的开端。安利利用其庞大的经销商队伍，加之移动工作室的全面启动，开创了从线下到线上的独特"O2O"模式。具体体现在以下三个方面，如表 3 – 9 所示。

表 3 – 9 安利"O2O"模式三大模块

三大模块	具体内容
运营体系	安利目前拥有完善的线上运营体系，包括电商网站、手机 APP 管理软件、独立的营销人员培训与管理网站，如安利易联网（营销人员 PC 端业务平台）、安利商务随行（营销人员掌上业务平台）、安利教育网（营销人员线上培训平台）等。同时安利内部有 9 个官方微信账号和 7 个官方微博账号进行产品推广和促销活动
门店体系	安利拥有完整的线下门店体系。安利在中国设立了 300 家直营店铺，初步完成了线下展示、服务体系的建立。同时，位于上海、北京、深圳、成都的大型体验中心正式投入使用。未来此模式店将成为安利在中国的线下服务体系的模板
人员保障	队伍庞大的营销人员是保障。目前安利拥有超过 30 万的活跃营销人员，遍布全国 31 个省区。这些营销人员作为销售人员亦作为消费者，不仅能够通过亲身体验增强对体验店的认同感，也对他们的销售工作开展提供强大的实力后盾

安利这种直销模式在中国有很好的发展前景。因为中国有大量失业人口，可作为廉价劳动力；因为中国目前信用状况较差，假冒伪劣产品不少，从亲戚朋友那里购买产品比较可信；直销不需要固定的商业场所，不需要占用大量的资金，不需要应付各种各样的行政检查，商业成本比较低。

第四章　选择与生长：
教你如何做消费商

　　消费商是在选择中产生的。在人们的消费活动中，普遍存在的一个错误观念：要想多赚钱，就得更努力地工作。从根本上讲，当你改变思维，用思维引导行为，你的收入就会增加。开源节流，重在开源。如果我们不把注意力集中在支出上，而集中在收入上，去思考如何通过日常消费获取收入，就会出现截然不同的结果。传统的思维只会为我们带来传统的结果，不会有任何新意。如果改变你的思维，你就能够改变你的生活。

观念：改变消费行为前改变消费观念

想法决定行动，行动决定结果。所以我们有什么样的想法，就会有什么样的结果。比如，我们要生存就要打工，打工为了挣钱，挣钱为了买东西，买东西为了生存，生存就要继续打工，我们的生活轨迹就是：打工→挣钱→买东西→再打工→再挣钱→再买东西……周而复始，在这个自身无法终止的死循环里，我们永远是消费者，手里永远没有钱。没有一个厂家因为你买东西多就给你发工资；也没有一个厂家因为你给它介绍顾客就给你股份、给你终身保障。这种现象已经在人们的思维里形成了固定模式，被认为是正常的。如果我们换一种思维模式，不是将注意力集中在支出上而是集中在收入上，思考如何通过日常的消费去获得收入，那么我们的生活将发生天翻地覆的变化。因此，要改变消费行为，先得改变消费观念。

1. 从"家中的黄金"说起

有一位小学女老师刘芬（化名），她小时候家境十分贫穷，因为直销可以兼职，可以让她在当老师工作的收入之外得到另一份收入来补贴家用，所以她选择了做安利公司的直销工作。她在做这份工作之前，曾做过十几家直销，每一直销工作她都做得非常出色，可是每次到做到了顶尖时，公司就忽然消失了，被骗子公司折腾十几次后，终于加入了安利。她刚进安利时对安利还不太了解，这时她遇见了一个在安利做直销的石油大亨，觉得非常不理解，就问他："您已经这么富有、这么成功了，为什么也来做安利呢？"

石油大亨告诉她说："我现在确实已经很成功、很富有了，可是我很有危机感。你知道吗？世界上有两种油，黑油和白油。因为我现在做的是石油生意，也就是在挖黑油，然而，黑油总有一天会被挖完的，资源总有一天会枯竭的，到那时我的生意也就走到尽头了。可是还有一种油叫白油，白油就是家中的日用品，如刷牙的、洗脸的、洗头的、擦脸的、洗衣的、刷锅洗碗的、打扫卫生的等，这些日用品，是人人用、天天用、年年用，这辈人用了，下辈人还要用，永远也不会停止使用，这就是'白油'，它永远也挖不完。我做了这个'白油'生意，就不会担心生意不能长久做下去了。"

故事听到这里，刘芬隐约觉得石油大亨是在家庭消费上做文章，于是就请石油大亨仔细说说。于是，石油大亨给她讲了一个"家中的黄金"的故事。

"无论是富翁还是贫民，每个家庭一天都离不开日用品，即使是经济萧条时期，别的生意都不好做，人们也不会因为经济不好，就不刷牙、不洗脸、不洗头、不打扫卫生了，可很多人不把日用品看到眼里，认为那都是小东西，赚不了什么钱，可我不这么认为，我认定其中大有商机。日用品虽然不值几个钱，可每个人每天都离不开日用品，而且是永远也离不开它，家庭消费市场如此巨大，所以日用品才是最大的生意。日用品每家、每人、每天都在用，这些日用品看似不起眼，但日积月累会怎样呢？于是我算了一笔账：一个月一个家庭用500元，一年就是6000元，50年就是300万元。如果我以直销的方式影响到100个家庭，这100个家庭50年就是3000万元，按10%返利计算就是300万元。我是怎么操作的呢？其实非常简单，就是参与消费返利模式而已。

这个模式是这样的：以前，我平时用的日用品都是在超市里买的，但在超市买再多的东西，最后也只能得到一点优惠和积分，积分只能换来我根本不想要的、用不着的东西。我把用得好的产品介绍给我的朋友，给超市带来了顾客，但超市也没有因此而给我一点点的报酬。后来我就不在这个超市买东西了，去了另一家超市并且换了日用品牌。这家超市的经营模式很先进，不但给我优惠和积分，还给我返利；我给它介绍顾客，它就给我奖励；我把顾客培养成经销商，我有分店了，它就给我股份，而且这个股份是永久分红并且可以继承的。也就是说，我参与了这个超市的返利消费，返利模式不但让我省钱了，还能让我赚钱。

这些经历告诉我，要想把家庭消费变成消费创收非常简单，必须先改变消费观念，消费习惯也会随之改变。这种改变将帮助我获得家庭消费中的巨大财富。这就是我给你讲的'家里的黄金'的故事，你觉得怎么样？"

听完故事，刘芬对石油大亨肃然起敬……石油大亨说他需要做的就是同一家企业合作建立一项生意，他说现在自己来到安利，有了更大的平台，可以继续挖他的"白油"。

从"家中的黄金"这个故事中，我们知道了改变消费观念的重要性。为了彻底改变消费观念，还需要从"消费观念"本身谈起。世界上一切事物的变化都遵循着一定的规律，消费观念及其形成变化、演变历程、对消费行为的影响等，都反映了消费观念的一般规律。重新认识消费观念，可以使消费者转变为消费商；只有解决了"规律"这个根源性问题，才能真正建立起消费商行为模式。

2. 消费观念及其演变历程

消费观念是人们对待其可支配收入的指导思想和态度以及对商品价值追求的取向，是消费者主体在进行或准备进行消费活动时对消费对象、消费行为方式、消费过程、消费趋势的总体认识评价与价值判断。消费观念的形成和变革是与一定社会生产力的发展水平及社会、文化的发展水平相适应的。经济发展和社会进步使人们逐渐摒弃了自给自足、万事不求人等传统的消费观念，代之以量入为出、节约时间、注重消费效益、注重从消费中获取更多的精神满足等新型消费观念。

消费观念的演变经历了三个时代，如表4-1所示。

表 4 - 1　消费观念演变历经的三个时代

事项	内容
理性消费时代	在这个时代，一方面，由于生活水平低，消费者只是注重产品本身的质量，着眼于物美价廉，经久耐用。因此，产品的"好"与"坏"成为消费者购买的标准。另一方面，由于市场刚刚启动，生产企业和生产能力都很有限，而消费者的需求又很大，因而形成了供不应求的卖方市场。消费者的需求及欲望并不受到生产者的重视，在生产者看来，只要他们的产品价格能够被市场接受，无论多少产品都能卖出去，根本不用担心消费者会有其他额外的要求，因而生产者只是从企业自身出力求产品标准化，提高效率，通过大规模生产来降低成本以获取利润，形成了一种重生产、轻市场的"以企业为中心"的市场营销观念，即"产品导向阶段"
感觉消费时代	这个时代由于生活水平的改善和提高，人们的消费观念发生了很大变化，消费者开始注意同类产品在质量上的差异，并对创新的产品表现出极大的兴趣，他们宁愿多花一些钱去购买质量较高和比较新型的产品。"重品牌，重式样，重使用"，成为人们消费观念首要或主要的内容。因此，"喜欢"与"不喜欢"成为消费者的购买标准。对生产者来讲，生产再多产品也能卖出去的好时光已经渐渐消逝。20 世纪 30 年代以后，随着工业化和机械化的发展，生产者的劳动生产率和产量迅速提高，这就使大量产品充斥市场，出现了供大于求的现象。买卖双方的位置也因此发生了显著的变化，市场状态由原来的卖方市场转化成了买方市场。买什么、买谁的、买多少都是由消费者在更大的选择范围中做出选择。所以，生产者的工作重点乃是用尽一切手段去刺激消费者购买自己的产品，使公司现成的产品能尽快地大量推销出去，成为"销售导向"阶段。他们花大力气成立专门的销售部门，或者不惜让批发商、零售商们分享利润，使用各种推销和促销手段，如广告、打折、赠送礼品、推销员上门游说等，来达到目的，实现最大的销售量。至于产品是否真正符合消费者需要，消费者买后是否会后悔或觉得上当，则不予太多考虑 从这个时代的状况我们可以看到：消费者的需求开始多样化，消费层次也越来越高，生产者眼光也开始由生产向市场转移，在"销售导向"阶段，尽管生产者对消费者不得不刮目相看，敬若上宾，但由于这种急迫的强销心理，对消费者内心更为深层的需求还是处于一种漠然和忽视的状态，从本质上来讲还是属于一种"以企业为中心"的市场营销观念

续表

事项	内容
感性消费时代	随着社会的进步，时代的变迁，人们越来越重视心灵的充实，消费变得越来越挑剔，对商品的要求，已经不再是质量、价格，也不再是品牌，而是商品是否具有激活心灵的魅力，在购买和消费过程中是否能够给消费者带来心灵上的满足。因此，"满意"与"不满意"成为消费者购买的标准。此时，生产者的地位江河日下，一个空前严峻的课题摆在了生产者、批发商和零售商的面前：市场竞争变得日益激烈，而消费者却变得越来越挑剔。产品的卖方不仅必须使其商品具有竞争能力，而且更重要的是要真正认清消费者的需求，根据顾客的需求来规划自身的经营活动，生产出符合消费者需求的产品和服务，激起和满足顾客的欲望，把顾客作为整个市场活动的起点和中心，一切从顾客出发，一切为了顾客。市场由"销售导向"阶段转化为"需求导向"阶段，形成了一种"以消费者（顾客）为中心"的现代市场营销观念

可见，消费观念与市场营销观念的演变是相互吻合的，需求导致生产，生产促进需求，二者随着消费者需求的梯级式变化而不断地相互联系，相互促进，共同发展。

3. 消费观念的形成原因和变化

消费观念的形成既是民族文化长期积淀的结果，又是社会现实的直接反映，在影响个人消费观念的众多因素中，主流消费观念和个人因素是影响消费观念形成的基本因素，如表4-2所示。

表4-2　影响消费观念形成的基本因素：主流消费观念和个人因素

事项	内容
主流消费观念对个人消费观念的影响	尽管西方的消费主义文化从20世纪50年代已经成为大众文化的主流，但到目前为止，并未对中国产生直接影响。中华文化及经济思想中"居安思危"、"量入为出"的消费观念根深蒂固，而新中国成立后计划经济体制时期长期物质生活资料匮乏，倡导艰苦奋斗，勤俭建国，进一步强化了人们的这种保守的消费观念。这种深受传统影响，已形成的保守的主流消费观念，不会因为改革开放短短30多年，人民生活水平的大幅度提高而被迅速改变

续表

事项	内容
个人因素对消费观念的影响	通过影响消费观念各因素的建模分析，可以看出，影响消费者个人消费观念的主要因素有收入、年龄、性别、籍贯、学历，其中对消费观念影响最大的因素是学历，由于受教育的程度相对较高，接受新观念的速度快，在消费观念上就更前卫，同时，这部分人由于文化程度较高，收入水平也相对较高。而籍贯的不同也会引起消费观念的差异，收入相对消费观念指数的系数较小，说明了单纯收入的增长对消费观念并不起主导作用，或者可以说，就文化与收入对消费观念的影响来看，收入并不是影响消费观念的主要因素

消费观念也是不断变化的，这种变化伴随着消费升级发生。消费升级的过程大致经历了如下阶段：必需消费→品牌消费→高端或奢侈品消费。在消费逐步升级的过程中，消费者所需要满足的核心需求是不同的，分别是基本的衣食住行消费；以健康、舒适、安全、休闲、一定文化诉求为特征的消费；以追求优质生活、彰显身份以满足成就感、体现个性差异追求的可选性消费。在这三个不同阶段，价格弹性依次递减，毛利率依次升高。随着人们收入和生活水平的提高，消费需求增长最强劲的热点将逐渐从传统的满足基本衣食住行的消费品向满足更高层次身心健康需求的消费品转移，这不仅包括简单的物质需求，还包括深层次的精神需求，是消费观念上的变化。现在中国人的消费观念的变化主要包括：购买奢侈品或"名品控"；炫耀性消费逐渐兴起；精神消费受到重视；储蓄更受重视；陈规陋习的消费有所减少；消费者意识的形成和深化。

4. 消费观念对消费行为的影响

消费观念在受其他因素影响的同时，也深刻影响了人们的消费行为。当然，消费行为的激发是商品本身的因素、品牌形象、消费者的主要消费动机及消费观念等各种因素综合作用的结果，但其中消费观念起主导作用。具体看，其影响体现在以下几个方面，如表4-3所示。

表4-3　消费观念对消费行为的影响

事项	内容
影响消费者的品牌偏好	调查发现，消费者消费观念越前卫，越倾向于喜欢和选择国际性的品牌，而保守的消费者大多会根据价格、质量比而选择国内品牌
直接影响消费者对消费环境的评价	消费观念。对消费观念指数和消费环境评价指数的相关分析表明，消费者的消费观念前卫，其对消费环境没有太多的关注，对消费环境的要求也不高。可以看出，改变消费观念，促进消费水平，必然使消费环境面对更为严峻的挑战，但环境的改善只有通过政府、企业和各界组织的努力才可完成
影响人们对消费场所、消费方式的选择	中国市民消费的主要场所是超市，其次为大型商场。选择超市是因为人们认为商品价格合适，且质量有保证，物品比较丰富，服务也比较周到，同时，物流频率高导致了新产品的不断投放，从而保证了商品的新鲜程度。大型商场被较多消费者选择的主要原因是服务和质量吸引人；自由市场、批发市场虽然价格低，但大多是流动性强的个体户，价格失真比较严重且商品质量无法保证。有调查显示，购买商品时，有63.2%的消费者选择价格，有25.1%的消费者选择质量，有25.2%的消费者选择购物环境。学历在大专以上者选择第一因素为质量、服务的比例明显高于平均水平，对价格的考虑则低于平均水平；在年龄段上，第一因素仍为价格，选择了质量保证为第二因素，购物环境和方便程度则集中在老年和青少年群体中。消费观念为节约型的消费者很少去专卖店或精品店购物，比例仅为12.9%，但选择去批发市场和自由市场的比率却是最高的；而具有提前消费观念的消费者，选择去专卖店或精品店以及大型商场的人数均超过一半，分别达53.7%和55.2%，去批发市场和自由市场的比率不及其他类型的一半

续表

事项	内容
直接影响人们的未来预期和未来消费	中国消费者未来几年的主要消费整体上集中在住房（51.3%）、子女学业（49.4%）、旅游（41.3%）三个方面，同时对汽车、金融、进修和家居装修等有部分的需求，其比率分别为22.9%、22.3%、27.9%和15.9%。消费观念越前卫，其在未来消费中住房、子女上学和家具装修的比重就越低，而在旅游、汽车、金融投资和进修等方面的比重越高；节俭型和量入为出型的消费者在未来的消费主要还是住房和子女学业；而提前消费型的消费者在未来的消费中占比重最高的已经是旅游、汽车和金融投资

总之，消费观念变化所反映的一般规律，表明人们在释放消费欲望的同时，消费观念更趋于自由，能够根据个人喜好选择消费的机会增多。人生的一切活动都受观念的支配，在由消费观念的力量推动的消费创富时代，改变消费观念具有不可忽视的商业意义，顺势而为的消费者将扮演很重要的消费商角色，会影响甚至决定消费的经济形态。

体验：产品好坏总是有感觉的

体验是在使用产品过程中建立起来的纯主观感受。消费商的一个最大特点是体验产品的同时把使用产品的效果分享给更多的人，不需要运作资金。消费商的产品体验非常重要，只有充分发挥其视、触、听、嗅、味等感觉通道的功能性作用，做好产品体验，才能为下一步分享提供准确的信息。

1. 多重感官对产品体验的影响

视觉、触觉、听觉、嗅觉、味觉等多重感官及情绪是体验产生的基础，对于产品来说，多重感官的交互作用能带来更好的产品体验。

多重感官对产品体验的影响主要分为两类：一类是即刻体验，即消费者在评价一个产品的时候，不同感官的刺激以及多种感觉结合所产生的影响；另一类是在一个连续的时间维度上，消费者与产品交互中各种感觉刺激对产品体验的影响，如表4-4所示。

表4-4　多重感官对产品体验的两种影响形式

事项	内容
即刻体验影响	个体与产品交互的过程其实是多阶段的，每个不同的阶段中包含了对不同感觉通道信息的接收以及评估。例如，一项关于感觉刺激在食品购买和消费不同阶段对用户满意度与情绪影响的研究发现：触觉通道在一开始处于主导地位，但是嗅觉、味觉会在之后的交互中代替触觉主导用户体验。在不同使用阶段的体验中，用户对产品的感知存在差异，不同感觉通道主导了用户的体验
时间维度影响	多重感官的体验对产品长期使用体验具有重要的意义。虽然视觉信息在一开始对于消费者对产品的体验起到主导作用，但是随着时间的推移，其他感觉的作用不断增大。例如，一项研究使用观察法、访谈法和日记法来研究产品体验，对女性被试者在产品使用初期的体验进行了更加深入的纵向研究，在持续的一个月内，用户使用同一款榨汁机，并且报告了不同感知通道的体验。研究发现，对于初次使用产品的消费者而言，视觉体验在一开始主导了被试者的整体体验，但是在几次操作之后，触觉体验的重要性大大增加。这些研究从时间维度上说明了多重感觉设计对于全面提升用户体验的重要性

多重感官带来的体验结果与情绪体验息息相关，情绪体验是评估用户体验的另一个重要窗口。感知体验是多重感官体验最直接的结果，而情绪体验则是多重感官引起的主观感受。多重感官对于产品体验的影响，也体现在对体验者情绪的影响上。以视觉、触觉为例。产品的触觉和视觉信息都会影响用户的情绪，具体体现为情绪的正负性（愉悦程度，即情绪效价）、情绪的强度（唤醒度）以及具体的主观情绪感受（情绪词汇）。

总之，多重感官及情绪对产品体验的影响非常重要，这不仅是近年来的研究热点，更是指导实务，如产品的体验、设计、包装等的依据。

2. 把自己当成"小白"来体验产品

了解了多重感官及情绪在产品体验过程中的机制和作用，就要付诸实施，这是消费商走向实战必不可少的一环。

美国用户体验咨询公司 Adaptive Path 的创始人加瑞特在其著作《用户体验的要素》中对用户体验是这样定义的：用户体验是指产品如何与外界发生联系并发挥作用，也就是人们如何"接触"和"使用"产品。据此我们可以看出，体验的主体是消费者，对象是产品，关键在于消费者接触和使用产品过程中所建立的感受，感受是主观的，因此消费者的产品体验也是主观的。而正是因为体验的主观性，消费商在体验过程中必须把自己当成"小白"来体验产品，尽可能排除主观干扰。

比如，需要了解一个产品的时候，切忌一开始就去翻看相关的文档，或者直接用专业的眼光审核一遍，诸如这个框架不合理、这个流程体验不好等。最好的情况是把自己当成一个普通的用户来体验一番产品，并且在体验的过程中记录下自己的感受。这样做的好处是可以尽量避免带着故有的知识、观念和心态去体验新东西。

进入新的环境，要有一切归零的心态。了解产品也是一样，把自己当成"小白"体会一番，站在普通用户的角度去理解这个产品是什么、如何使用、有什么好和不好的地方等，并且一定要记得将自己的感受和疑问记录下来，以便与其他分享。如果你的体验是客观的、带有"原生态"味道的，一定会让其他消费者有"眼前一亮"的感觉。

3. 通过产品体验分析完整套路

体验一个产品不仅要调动多重感官及情绪的参与，还要进行产品体验分析，只有经过分析，你的体验才能抓住产品的特质，也才能影响更多的人。这里提供产品体验分析的一个完整套路供参考，如表4-5所示。

表4-5 产品体验分析的七个步骤

内容
先梳理清楚体验环境。比如，我用什么手机，手机的系统是什么，体验产品的版本是什么，是哪个平台，等等
从这个产品的过去下手。比如，关于公司的发展，基本数据如何？最近10个版本产品增加的功能都有什么？这时候就可以了解这个产品迭代的思路和周期

续表

内容
确定这个产品的目标用户是哪个群体。可以从艾瑞和一些官方报告中去寻找一些基本数据以供参考
梳理目前产品的功能框架。可以用思维导图的方式进行梳理
确定产品的主要路径及体验。这个环节可深可浅，简单的可以是流程图＋主要路径的功能分析，复杂的可以按照用户体验的几个层次对产品进行详细的拆解，具体包括：表现层（视觉设计）；框架层（界面设计、导航设计、信息设计）；结构层（交互设计、信息框架）；范围层（功能说明、内容需要）；战略层（用户需求、产品目标）
发现产品的问题。通过前面的分析找到产品目前的问题，如产品体验、产品功能、产品业务模式上存在的问题，这是产品体验分析过程中最重要的环节之一
针对产品问题给出解决方案。结合前面发现的问题，寻找一些可能解决问题的办法，这也是产品体验分析的另外一个重要环节。问题可能都会被发现，但是解决方案则展示了产品经理思考的深度和广度

产品体验分析重过程，更重结果，上述七个步骤最重要的是最后两步，但如果没有前面透彻的分析则无法发现问题并找到解决方案，所以每一步都很重要，过程无法忽略，结果展现了这个产品体验分析的真正价值。

4. 如何写好产品体验报告

作为一个合格的消费商，必须写好产品体验报告。经历了产品体验后，写产品体验报告能够帮助我们锻炼产品思维，建立产品感觉，也有助于为后续的分享找到更好的切入点。那么产品体验报告该怎么写？最开始写的时候肯定都摸不着头脑，不知道如何下手。下面笔者就给出一些方法与大家分享。

第一，着手撰写前的准备。撰写产品体验报告前，要做好以下两项准备工作：一是资料的收集阅读（产品公司新闻、已有研究报告、网络分析博文、企业招股书等）；二是常用工具的使用（Office、Xmind、Axure、PS 等）。总的来说，产品体验报告要做到小而美，建议使用 PPT 或 Keynote 而不是使用 Word，后者不容易进行图文设计和混排，排版上比较偏重于写成深度的长篇报告，不利于展示。但一般使用 PPT 类软件配合演讲时写很多文字是大忌，而做体验报告时，必须要写上一定的文字。这很容易理解，因为报告是不配合演讲的，甚至你可以把它看成一个横版的 Word。

第二，产品体验报告的基本模板。产品体验模板主要在体验界面是否友好、信息架构与流程是否合理、功能是否满足需要等方面进行，如表 4 - 6 所示。

表 4 - 6　产品体验报告的基本模板

事项	内容
概览	包括体验人、产品名称（版本号）、使用机型环境、体验时间等
效果体验	包括产品视觉表现、文字信息传达、动画特效、控件使用等整体效果体验，这一块对实习生来说比较容易入手，通过对产品的第一轮体验，发现外观部分的问题，如某个模块文字描述理解困难、视觉排版混乱、控件使用错误、动画效果生硬等。当然，这部分需要避免个人主观因素带来的影响，提出的问题必须有根据
任务走查法	分析总结产品所有任务，并以产品任务操作为线索（剧本）对操作流程进行测试，这一块主要希望能够通过对产品完成各种任务的走查，这样思路会较为清晰，以可用性为准则，发现与记录影响任务的问题，如某操作逻辑架构不合理、步骤烦琐、不能便捷地完成任务等，对于每个问题，也需要提出自己的分析建议
竞争对手比较	分析竞争对手优秀功能与体验细节，分析提出本产品可参考改进的设计建议，目的不是做市场产品分析报告，而是希望以本产品为基础，列出更优秀与可借鉴的点，在同类对比中寻找优化方案

续表

事项	内容
结论概括	结合自己对产品及竞争对手产品的使用，说明自己对本产品整体用户群与市场的理解，功能点是否能满足用户群需求，是否还有可挖掘的需求等

经过表4-6中前三个模块的分别体验，得出各模块情况的概述与对各模块发展建议的概述，可根据自己的理解和能力，对各个问题进行重要程度与紧急程度的划分，对产品设计的下一步工作提出优先级别的建议。

第三，产品体验报告的撰写。对于产品体验报告的撰写，技巧很多，但技巧只是更好地展示你的能力，绝不是捷径、窍门、必杀技、大招，真正能否征服面试官，还得靠你的真本事和积累。写报告之前，先列提纲，根据产品目前的市场定位和运营状况（优势劣势），确定要分析的顺序和侧重点。尽量从某一个角度入手，比如旅行产品的机票业务而不是所有业务，阅历有限的我们不可能面面俱到，从小角度切入更容易做出亮点。具体来说，要把握以下几点，如表4-7所示。

表4-7　产品体验报告撰写要点

事项	内容
整体流程的规划	通过阅读资料和产品初步的体验，已经对产品有了简单的了解，这个时候，你就要做一个规划，确定你什么时候要做什么事情，注意的事项、要获得哪些数据和结果等

续表

事项	内容
产品体验报告结构的确定	文章的结构不是一成不变的，要考虑产品本身的特性、产品体验的侧重点等因素，本文的结构只作为一般参考，一些常有的内容包括三个部分：前言，主要是对一些基本情况的介绍，包括体验报告的背景、体验的环境、需求分析（笔者这里把需求放在前言是因为用户的需求是一切的根本，掌握需求后再去体验产品则更能抓住关键点）；产品体验，侧重从用户的角度对产品做直观体验，包括效果体验和任务走查两个部分，其中任务走查可以按照功能设置任务，也可以通过场景设定，需要注意的是，无论哪种考虑都要结合需求；产品分析，其基本思维和原则是体验→总结提炼→提出建议或解决方案
数据的采集、记录、分析	数据分析是产品经理的重要工作，尤其是专业的搜索，商业产品经理每天都会接触大量的数据，数据处理已经成为产品经理的重要内容。所以，无论是用户研究、市场分析都需要数据做支撑，即使你的数据来源非官方，测试数据不准确，但更重要的是展现你分析问题的思维和逻辑，对于数据分析，网络上有很多方法，有兴趣的朋友可查看一下，在这里不再详细展开了
文章撰写	在文章的撰写过程中，我们可以借鉴别人的一些专业的话和结论，但不可全盘照抄，一定要形成自己的观点，并能无障碍地表达出来

第四，关于产品体验报告的思考。作为一名合格的消费商是必须要学会写产品分析报告的，这种报告讲求的是真正深入分析和建议以及相当的篇幅要求。主要包括以下两项内容，如表4-8所示。

表4-8　产品体验报告的定位和考察内容

事项	内容
产品体验报告的定位	依据用户的需求分析，体验产品怎样满足用户的需求，并判断是否满足了用户的需求，最后针对体验过程中发现的问题和不足给出适当建议和解决方案

续表

事项	内容
产品体验报告的考察内容	具体包括：基础技能（Office、Xmind、Axure、PS 等类型工具的使用）；学习、分析等能力（优缺点分析、改进的建议）；行业产品关注度（改进建议）；关于产品的新观点（优缺点分析）；产品相关经验（整个报告的深度）；细节的把控（整个报告）

这两点是基本的方面，还有很多方面可以展现和发挥，不过值得强调的是，一份产品报告要足以让别人了解你的专业程度。

第五，撰写的注意事项和一些原则，如表 4-9 所示。

表 4-9　撰写产品体验报告的注意事项和一些原则

内容
从用户的角度真正地使用、了解产品，注重第一感觉
文章的结构和具体工作的规划在内容的排序上是没有必然联系的，文中先写的不一定就要先做
不要写流水账，重点要突出，根据产品本身的属性，思考应该关注的重点
要根据情况选择报告的形式（小而精用 PPT、相对全面用 Word），PPT 更加直观，文档则更细致
记得你只是初学者，你体验的是面试官每天都在研究和接触的产品
横向比较同类产品是基本，纵向分析则锦上添花（小心不要弄巧成拙）
不要犯教条主义，针对不同的产品，即使文章基本的框架相似，也可以寻找自己写作的创新点
不要写成吐槽报告，细节固然重要，宏观（例如差异化）同样不可忽视，而且对于新手来讲，你注意到的所谓细节，在非常了解他们产品的专业人员面前会显得很幼稚，所以要把握好度

5. 产品体验对产品设计提出的要求

产品体验不仅有助于宣传推广，也有助于产品的改进，这就对产品设计提出了更高的要求。在"体验为王"的时代，产品设计不过关，不能给消费者带来"尖叫"的体验，那么这个产品必死无疑。

有一个美国人遇到这样一件事：他要到美国一个城市给一群商业领袖做演讲，但很不幸，他装西装的行李箱被航空公司误塞进另一驾航班上。于是，他通过电话，让一家男装品牌店根据他的尺码准备西装。这个美国人此前知道这个西装品牌，只是从来没有买过，这次紧急情况下的服务，让他彻底成为了该品牌的忠实顾客。道理很简单，因为品牌店反应迅速，服装质量相当不错，同时提供了不同颜色的两套西装供他挑选，不仅让他如期完成了演讲，而且完全超出了他的预期。可见最重要的不是销售产品，而是销售体验，而这种体验的先决条件就是设计。

好的产品设计，一定要具备三点，如表4-10所示。

表4-10 产品设计三原则

事项	内容
超出预期，带来惊喜	当年汉庭酒店为每个房间配备了五种枕头，适合不同人的睡眠习惯，是国内第一个这么做的经济型酒店。按理说，这也算不上什么革命性创新，但确实让顾客打开衣柜的时候感到惊喜，完全超出了他们的预期
让用户有所感知	某通信公司策划的卖点是它的手机绿色无辐射，但没有成功，因为策划中的绿色无辐射，消费者根本无法判断、无法感知。好的产品设计，必须能够为用户所感知，将设计贯穿于用户使用产品的每一个环节中

续表

事项	内容
细节开始，贯穿全程	有一家服装店为某人准备了藏青色和炭黑色两种颜色的西装，质量好，还准备了领带、衬衫、皮鞋，这就给了这个人以选优的余地，有更多解决方案。这就是细节的魅力

分享：告诉你怎么传播产品体验

消费商通过自己的购买、使用，将获得的消费体验传达给其他消费者，从而有效地影响广大消费者的购买决策。这种产品体验后的分享特别讲究传播策略，因此，作为省钱和赚钱机会的传播者，消费商需要好好学习。

1. 市场舆论导向与消费者行为

市场舆论多发自消费指导者，他们是商品信息的引导者，是口碑传播信息活动中的积极分子，是经常向他人提供信息的人。由此可见，他们扮演着消费商的角色，或者从某种意义上说他们就是消费商。消费商的优势在于他们可以很好地了解产品，并把自己的个人体验用最朴素的言语表达出来，这会成为分享时最为恰当也最为有效的利器。

市场舆论导向在很大程度上是由舆论指导者大量传播商品信息形成的，因此舆论指导者作为人和物的信息源，在信息传播中占有特殊的重要位置。那么，市场舆论指导者通常具有哪些特点？如表4-11所示。

表4-11 市场舆论指导者的特点

内容
他们大都思想开放，接受新事物快，关心消费时尚、流行趋势的变化，常常参与和商品论题有关的活动，并通过阅读、观察及收看电视等方式获取商品信息。因此，比起其他消费者，他们掌握的商品信息比较丰富，而这足以使他们在与那些不关心时尚变化、信息封闭的消费者的交谈中享有话语权并占据主导地位，从而获得他们的依赖，成为他们选择、评判商品的一个重要信息来源
他们经常向其他消费者提供商品信息。舆论指导者大都爱好交际，喜欢各种文体活动，接触面广，有较多的机会传达自己的商品知识、经验和建议
他们在消费生活中紧追潮流，不断适应消费时尚的变化，对市场流行趋势能及时做出反应。因而他们的消费行为容易引起别人的注意和赞赏，并对其他消费者具有较强的感染力。他们对商品的评论、使用经验不仅足以成为其他消费者一个重要的信息源，而且有时甚至可以直接促使他人购买行为的产生
舆论指导者不属于创新者，但他们的消费行为常紧随其后，属于较早接受新产品的人。他们在选择商品方面又不给人以怪异、大胆、超前的感觉，所以更容易被大多数消费者所接受和认同

市场舆论指导者的上述特点使他们在社会经济活动中发挥了重要作用，而在这种作用下，信息的传播对消费者的消费行为可以产生决定性的影响。事实上，商品信息能否对消费者产生预期影响，很大程度上依赖于信息传播是否有效和适当。就消费者而言，对传播进行评估时，使用的标准通常是可信性和专门性。可信性是指所

传播信息的真实性、可靠性和可信程度；专门性要求传播的信息要科学化、专业化，能够准确地反映出产品的技术性能和质量特点。当某种传播同时具有可信性和专门性时，就可以视为比较可靠的信息了。通常，可靠的信息被认为是客观真实的信息，对消费者的购买决策具有直接的、决定性的影响。相反，如果信息存在问题，对消费者的影响就会受到极大限制。

值得注意的是，在市场舆论指导者信息传播过程中，口碑传播会对消费者行为产生直接的影响。许多研究者发现，口碑传播信息是对消费者最具影响力的一种信息源。这是因为口碑传播的发出者本身也是消费者，他们向周围熟识的人介绍、推荐、评论商品时，一般不含利益关系和商业意图，因而从一定意义上讲，他们的意见比较客观、可靠，值得信赖。国外研究者曾对这一现象进行过专项调查，结果发现，在同一住宅区内，如果有一户安装了空调设备，则会有许多住户陆续安装；相反，如果没有一户安装空调设备，则可能全体住户都不装空调，这种现象是由邻居间相互口碑传播信息所致的。因为最早的购买者会直接影响自己的近邻，从而引起连锁反应。由此可见，口碑传播信息在消费者获取信息源的过程中具有相当重要的作用。舆论指导者应该对此有足够的关注，企业也应该对此有深刻的认识，并制定出相应策略，以便最大限度地影响消费者的购买决策。

那么企业如何发现和培养舆论指导者？在营销实践中，企业通常借助广告传播媒介把商品信息传达给目标市场的舆论指导者，而消费商则通过自己的消费体验进行口碑传播，有效地影响广大消费者的购买决策。因此，发现和培养舆论指导者就成为促进消费者购买的重要方式。目前，对于舆论指导者的发现有多种方法，其中有一种方法是罗杰斯的提问打分法，用这种方法得到的结果可以大致概括出舆论指导者的特征：舆论指导者多半是各种组织的成员或拥有办事处所的人；舆论指导者受过长期的正规教育，收入较高，工作和住所不确定性强；自己持有股票，往往参与股票交易，更有完成目标、影响他人的意图。对这类人群，企业要积极发现并大力培育，这显然有助于企业与消费者的直接对接，而这正是消费商模式的一大亮点。

了解了市场舆论导向对消费者行为的重要影响，消费商就更有必要做好产品体验的传播。为此，消费商要研究新媒体营销方法，熟悉产品宣传推广方式，做好体验营销策略，下面，笔者将对这三个方面依次展开论述。

2. 研究新媒体营销方法

新媒体营销方法对消费商的产品体验传播至关重要。这就需要消费商知道用户关注的是什么内容，同时要清楚用户的社交属性。

第一，用户关注的内容。社交媒体上用户关注的内容如表 4 - 12 所示。

表 4 - 12　社交媒体上用户关注的内容

事项	内容
"新、奇、热"的内容	明星、热点新闻、热播电影，这都是新、奇、热的东西，是大家一直在讨论的。比如有一部比较火的电视剧《太阳的后裔》，这个电视剧播出后，所有的热点，包括文章、话题等都集中在各种社交媒体上面。如果是一个体验型的产品，怎么去传播？假如你的产品请了鹿晗做代言，鹿晗做一个手势让用户去模仿，用户可能就会争相模仿，这就是明星效应
有趣的段子和恶搞	有趣的段子和恶搞一定会得到用户的传播，就像我们经常会在 QQ 群里发表情，因为那些表情很有趣，用户愿意发。比如饮品，水瓶座适合喝这种，白羊座又比较适合喝那种，这就比较有趣
有用的内容	可用性高的知识内容会得到用户的优先关注和传播。因为用户天然有这样的心理：这个东西一定是由很多牛人，花了很长的时间收集整理出来的。比如《2016 超实用丽江旅游攻略》等，用户天然会觉得它是有用的，即使不能进入用户的传播圈，至少可以进入用户的收藏夹。拿着这张攻略，可以节省两小时的排队时间，用户拿到后一定会分享传播，因为这个东西对他有用
美文、美图、美视频	看完美文、美图、美视频以后会让人有向往和冲动的感觉。这类内容在社交媒体上转发得非常快，比如说一些萌宠、风景很美的图片，都会让人有传播的冲动。锤子手机的图片是最多的，因为锤子手机本身就比较好看，当然这里说的是 T1
让用户产生共鸣的内容	这类内容用户看完，心里或喜或悲，比如，咪蒙写的文章很多人之所以愿意看，根本原因在于能产生共鸣；papi 酱的视频很多人愿意看，主要原因是能击中某些人想表达的东西；等等。其实这些内容更多体现在产品的文案上，能不能让用户看完，觉得恰好就是他想要的东西，说到他的心里去
与"我"有关的内容	这一类是非常重要的，因为社交媒体最大的一个特点就是，每个人都是内容的制造者和传播者，所以每个人都可以在上面表达他想表达的东西。你会发现，我们做得非常有创意的东西都要带上用户本身，因为与用户有关的东西，才会得到用户的优先关注和传播

　　总之，"新、奇、热"的，有趣的，有用的，美的，能产生共鸣的，与"我"有关的东西，用户都关注。不管我们做任何传播上

的创意，上述内容都是我们需要了解的一些基本的东西。

第二，用户的社交属性。我们每个人每天都在社交媒体上，所以做新媒体营销需要了解用户的社交属性，这样才能找到引发用户传播的动因，才能把你的产品打造得更具有传播性。

用户的社交属性如表 4 – 13 所示。

表 4 – 13　用户的社交属性

事项	内容
寻找话题	话题是就是用户的谈资，很多人每天都在发朋友圈，他一定会发一些有质量的，想让更多人点赞的内容。所以，用户天然会寻找一些话题性的东西，比如，新版的人民币出来，别人没有拿到，你先拿到了，你一定会去晒；一个小道消息，别人都不知道，你先知道了，你一定会去晒；一场发布会，所有人都在通过电视、网络视频观看，而你在现场并坐在第一排，那你一定会发朋友圈……这些都是你的话题，你的谈资。所以，我们的产品也要具备这种话题性，让用户觉得，我拿到你的东西去发朋友圈我就很牛。给用户一个展示自我的理由，这点很重要
表达想法	每个人都有表达想法的意愿，不信你可以去看，我们早晨和晚上的微信朋友圈，很多都是一些人的心情、感悟，所以用户天然具备这种属性。但是不是所有人都善于表达，所以当你提供的东西，能帮他表达自己的意愿时，你的东西就会得到转发。比如，可口可乐的歌词瓶，为什么人们愿意去发一句歌词，转发一句名人的话？因为它说得很准，很到位，恰好表达了用户当时的想法，用户就愿意去传播
自我展示	自我展示反映了用户想表达自我的愿望，但自我展示一定需要场景。当一个场景出现，比如反手摸肚脐、锁骨放硬币、A4 腰等，这个场景出现，用户就会使用，因为这个场景帮他实现了自我展示。所以，我们的产品能不能提供一个让用户自我展示的场景很重要
喜欢比较	人类天生就有比较心理。比如我们会经常看到，朋友圈出现了什么内容，这个东西我参与了，多少秒完成，战胜百分之多少的人，这就是用户的比较心理；而我们的内容，又恰好给他提供了一个比较的场景

续表

事项	内容
帮助他人	每个人都有天然帮助他人的意愿，常常转发帮助别人、为别人提供一些有价值的信息。所以内容也好、产品也好，应该可以帮助用户完成这个意愿。比如说刚刚我们说的攻略，当你去某个游乐场，别人给了你一份非常完整的攻略，告诉你能帮你省两小时排队的时间，那你就可能把它分享给其他去游乐场的朋友

总之，作为消费商一定要了解用户关注的内容，了解用户的社交属性，这样才能玩转新媒体，实现传播目的。

3. 熟悉产品宣传推广方式

"酒香不怕巷子深"的时代已经过去了，现在的产品同质化比较严重，如何使产品在众多的同类产品中脱颖而出，考验的是消费商的工作能力。现在笔者就来聊一聊消费商可以采用的产品推广工具和手段，如表4-14所示。

表4-14 消费商可以采用的产品推广工具和手段

事项	内容
搜寻引擎推广	搜索引擎是效果广告的一种，针对性强，是目前广告投放效果较好的形式，但是该广告最大的难题是如何选择关键词，不同的关键词达到的效果不同，同时网站在没有付费的情况下也能达到搜索关键词排名靠前的效果，因此在建设网站的时候合理选择与分布关键词对排名很重要，同时还建议网站运营者对最新最热的词汇要敏感，因为谁能最快推出最新最热关注点的相关词汇网站，就能使网站在短期内排名迅速靠前，关于这方面的研究目前有很多，有许多经验可以参考

续表

事项	内容
电子商务门户网站推行	在金银岛、阿里巴巴、慧聪等电子商务网站上公布公司产品、商情消息，适用于企业公布产品与相应消息，其针对性强，本钱低，而且还能卖一点东西，简单实惠，建议采纳
E-mail营销	电子邮件广告根据许可 E-mail 营销所应用的用户电子邮件地址资源的所有形式，可以分为内部列表 E-mail 营销和外部列表 E-mail 营销，或简称内部列表和外部列表。常见的形式如新闻邮件、会员通讯、电子刊物等。而目前大量制作粗糙的广告邮件，一般被看作垃圾邮件，成本低廉，效果一般，使用受到一定限制，使用者往往也将其制作成实实在在的垃圾邮件，加上邮件病毒混杂，引起收件人的反感与警惕，往往不敢打开。其实电子邮件广告的潜力没有被挖掘出来，笔者认为电子邮件广告应该设计得更有欣赏性和可阅读性，提升邮件档次，譬如有创意的动画视频广告仍然很受欢迎而且会被用户传播。笔者建议采用漫画、动画、故事等形式的邮件，增加邮件的娱乐性、趣味性、知识性，吸引收件人自行传播邮件，效果更佳
论坛营销	在各大 BBS 上发帖、回帖，可以构建网络交际圈。但在论坛上发帖易被删除乃至封 IP，经过以下办法可以改良：一是聘请论坛版主发帖，可以给月费或者按稿酬付费；二是在相应论坛发针对性帖子，在隐蔽处投放广告，如图片、签名；三是将广告夹在文章内容中；四是与论坛所在网站合作，在论坛搞活动。其中第四种效果最好，也最受论坛欢迎
博客营销	它属于一定程度的私人却又对公众开放的圈子，可以采用的营销模式有评论、新闻、散文、故事体、连载等形式，还能提供图片等，写手能够发挥的余地更多更大。这种新兴的营销形式，间接导致了另一种职业的降生——网络写手
行业门户网站推行	在诸如化工、电子等专业门户网进行推广，这种推广方式一般针对特定的产品效果最好，而非该行业的产品如果也希望借助这些网站的浏览人群，则建议采用内容合作、交换广告位等方式进行，以较少的投入获取长期推广，必要情况下需要投放广告，则采用效果广告比较经济，专门投放广告效果一般

事项	内容
聊天工具的群发	即时聊天工具用户庞大，并且还有大量分类明细的不同爱好者群，因此既可以考虑针对所有用户的推广，也可以考虑针对不同群的推广，但是即时聊天工具可利用的广告工具不多，一般有三种，弹出广告、门楣广告、群发信息，这些广告视觉效果一般，内容不够丰富，因此广告效果也一般，同时在一些群中发广告容易引起反感，但是如果借助聊天工具运营商的信用，采用有特色的广告手法，则容易被工具使用者接受，如与腾讯合作，赠送腾讯Q币或者其他服务，共同推出线上或者线下活动的形式
专业网站推广	在诸如电影网、音乐网、读书、软件下载、教育网等网站进行推广，这些网站流量大，但是人群不确定，针对性差，同时该类网站管理运营大多不规范，采用效果广告方式较经济，但是效果广告容易作弊，监控难，因此笔者建议使用买断方式效果广告，如按照点击付费，如果点击达到一定数量，或者累计付费达到一定数量则属于包月制，以后当月再产生的费用不继续统计，这样能在一定程度上降低成本，提高效果，也便于管理
网络新闻	在新浪、网易等大型门户网站刊登新闻。门户网站新闻信息量大，普通新闻效果一般，同时新闻审核严格，需要一定的渠道才能推广，因此要建立与门户网站的公共关系，同时设计热点新闻才能使效果得到更大体现。主播推广严格来说属于视频推广的一种模式，就是最近一两年盛行起来的网络网红主播在节目过程中对产品进行推广宣传以期得到粉丝的认同而购买，增加产品的曝光率
网络视频、动画、漫画	这些是新兴的广告载体，目前没有构成支流网站，但是这类推行方式会使广告创意职员有更大的设想空间，同时表达方式好的广告易公开传播。例如：馒头血案。此类广告可以与很多官方视频动画漫画喜好者合作，举行活动，索取必要资金赞助，成效好，本钱低，挑选的余地大，是很有扩展远景的广告方式

4. 做好体验营销的策略

消费商的产品体验不是唯一目的，更重要的是进行传播，将自己看、听、用、参与后的切身感受告诉他人，充分刺激和调动他们的感官、情感、思考、行动、联想等感性因素及理性因素，以使他们更有智慧地消费。这其实就是体验营销。

做好体验式营销要讲究策略，下面这些策略都是在实战中收到过很好效果的，如表4-15所示。

表4-15 体验营销策略

事项	内容
感官式营销策略	感官式营销是通过视觉、听觉、触觉与嗅觉建立感官上的体验。它的主要目的是创造知觉体验。感官式营销可以区分公司和产品的识别，引发消费者购买动机和增加产品的附加值等。以宝洁公司的汰渍洗衣粉为例，其广告突出"山野清新"的感觉：新型山泉汰渍带给你野外的清爽幽香。公司为创造这种清新的感觉做了大量工作，后来取得了很好的效果
情感式营销策略	情感式营销是在营销过程中，要触动消费者的内心情感，创造情感体验，其范围可以是一种温和、柔情的正面心情，如欢乐、自豪，甚至是强烈的激动情绪。情感式营销需要真正了解什么刺激可以引起某种情绪，以及什么能使消费者自然地受到感染，并融入到这种情境中来。在"水晶之恋"果冻广告中，我们可以看到一位清纯、可爱、脸上写满幸福的女孩，依靠在男朋友的肩膀上，品尝着他送给她的"水晶之恋"果冻，就连旁观者也会感觉到这种"甜蜜爱情"
思考式营销策略	思考式营销是启发人们的智力，创造性地让消费者获得认识和解决问题的体验。它运用惊奇、计谋和诱惑等方式，引发消费者产生统一或各异的想法。在高科技产品宣传中，思考式营销被广泛使用。1998年苹果电脑的IMAC计算机上市仅六个星期，就销售了27.8万台，被《商业周刊》评为1998年最佳产品。IMAC的成功很大程度上得益于一个思考式营销方案。该方案将"与众不同的思考"的标语，结合许多不同领域的"创意天才"，包括爱因斯坦、甘地和拳王阿里等人的黑白照片，在各种大型广告路牌、墙体广告和公交车身上进行展示，随处可见该方案的平面广告。当这个广告刺激消费者去思考苹果电脑的与众不同时，也同时促使他们思考自己的与众不同，以及通过使用苹果电脑使他们享受成为创意天才的感觉

续表

事项	内容
行动式营销策略	行动式营销是通过偶像、角色，如影视歌星或著名运动明星来激发消费者，使其生活形态予以改变，从而实现产品的销售。在这一方面耐克可谓经典。该公司成功的主要原因之一是有出色的"JUSTDOIT"广告，经常描述运动中的著名篮球运动员迈克尔·乔丹，从而升华身体运动的体验。关联式营销策略包含感官、情感、思考和行动或营销的综合。关联式营销策略特别适用于化妆品、日常用品、私人交通工具等领域。美国市场上的"哈雷牌"摩托车，车主们经常把它的标志文在自己的胳膊上，乃至全身。他们会在每个周末都去全国参加各种竞赛，可见哈雷品牌的影响力不凡

值得注意的是，体验营销一要适用适度，要求产品和服务具备一定的体验特性，顾客为获得购买和消费过程中的"体验感觉"，往往不惜花费较大的代价；二要合理合法，其活动安排必须适应当地市场的风土人情，既富有新意，又符合常理。

运营：积极行动，编织营销网络

消费商不仅是信息传播者，也是经营者，即经营消费和消费群的商人。既然消费者从分散走向联盟是一个必经过程，那么作为一个消费者，今天你不主动去团结别人，使自己成为一个消费商，明天就是别人来团结你，他这时就是一个消费商。你是愿意自投罗网还是积极行动起来去编织属于自己的营销网络？显然应该是后者。

1. 编织营销网络的工具和手法

编织营销网络是消费者走向联盟的必要途径。编织营销网络需要一些工具和手法，那么网络营销工具和手法都有哪些？前文我们已经介绍了网络营销工具，诸如网站、博客、微博、搜索引擎、电子邮件、即时通信及各类平台等。至于网络营销的手法，则是千变万化、种类繁多，常见的有文化理念、话题事件、标题、关键词优化、软文、直接推送、直播等营销手法。

运营过程就像我们做游戏中的打瓶盖，我们可以选择用砖头、弹弓、弓箭、枪去打，这就是我们选择的工具；我们可以选择趴着、蹲着、站着、跑着各种姿势和左手、右手手法去打，这时我们就要选择适合我们的手法。各种工具和手法是穿插使用的，但你必须找到有效并且自己所擅长的工具和手法才能击中目标。

2. 营销网络架构的策划

为什么有的人打一排瓶盖，说打哪个就打哪个，而有的人一只也打不到？这是由营销构架决定的。从整个思路系统的构架到每个文字的大小、位置都是很有讲究的。要想效果最大化，你必须精心策划，具体包括以下几点，如表4-16所示。

表4-16 策划营销网络架构需要考虑的问题

内容
你选择何种工具手法？要针对自己所要营销的对象选择合适的营销工具手法

续表

内容
你所针对的目标群体？你选择打瓶盖还是打气球，这就是你要选择你的目标客户群体。比如你是卖卫生巾的，你选择单身男士去宣传，效果不可能会好
你所要引爆的痛点需求和所要填补的欲望沟壑是什么？比如现在直播平台出现了那么多的网红主播，他们的出现正式填补了众多屌丝的窥视、寂寞、空虚等心理需求
你的思路构架？整个营销思路要系统、独特、有深度等。有时候，反其道而行之的思路往往比正常思路收效更好
你所选择的流量入口？你是选择有一大排瓶盖的那个地方去行动，还是选择只有一个瓶盖的地方呢？这就是说你在网络营销过程中要选择流量大的入口。你要选择流量聚集的平台、话题、事件加以利用，这样会收到事半功倍的效果，导流成本也会降低。比如你去有一大排瓶盖的那个地方，那里的瓶盖多到数十上百个，你随便一打，就会打到一个
你所体现的格调？在网络营销中，大到你的整体思路风格，小到你的设计色调、排版等，都要统一到你所要做的营销事件上。比如喜庆事物营销，你却用哀怨的格调，色调也用黑灰，排版就会给人一种压抑的感觉，这样的话别人是会产生误解的。如果误解的产生对你的整个营销效果有帮助作用，那未尝不是一件好事，但就怕弄巧成拙，在你还没有充分玩转网络营销时，这种手法建议不使用为好

3. 网上店铺的产品运营策略

消费商的营销网络中，网上店铺是一种很重要的形式，可以在更大范围内对产品进行宣传推广。在网上店铺的产品运营实务中，有以下策略可以运用，如表 4 - 17 所示。

表4-17 消费商网上店铺运营中的产品策略

事项	内容
产品选择	消费对自己店铺商品的选择是很关键的。消费商最好以自己体验过的熟悉的产品来作为自己的产品。因为消费商对体验过的产品认识足够全面、丰富，所以做自己熟悉的产品会更加得心应手，能激发自己在营销方面的创造力和活力，也会在宣传推广过程中更有说服力
产品分类	在一些大型电商的网站页面上，我们往往通过各种分类来挑选商品，例如衣服按照外套、羽绒服、风衣等进行分类，这样的分类效果使我们一目了然，轻松找到自己心仪的商品。这给了消费商一些启示，消费商在店铺中对产品进行的设置和摆放不能是杂乱无章的，因为凌乱和复杂的页面设置会使消费者处于一种混沌状态，甚至产生一种厌烦感，也便没有了心情进行商品的选购
产品包装	大部分网购的人都有这样的体会，网上购物邮寄来的商品一般的包装是快递专门用袋，这样的包装现状也使得那些电商们根本不需要特别花心思进行产品的包装和设计。其实这样的做法是不正确的，一件商品的包装效果如何直接关系着商品的质量和店铺的信誉形象
服务策略	从宽泛的意义上看，服务也是产品。在服务中，一是坚持诚信营销的原则，比如，消费商通过与消费者真诚的沟通、为其答疑解惑、在出现问题时妥善帮其解决等，在为自己营造良好形象的同时也会获得消费者对产品的好口碑；二是利用O2O方式消除传统消费心理的束缚，使消费者真正享受到实体店提供的服务，并且可以通过提前在网上预订享受直接到实体店享受不到的优惠活动；三是建立良好的售后机制；四是个性化服务，要将消费者对于商品实际的、个性化的需求作为自己服务的方向和重点，来对消费者开展相关的服务工作

　　总之，在这个网络发达、网络营销繁荣的时代，消费商要积极行动起来，有方法地编织营销网络，有思想地运营营销网络，如果再用过去那种低端的手法去营销，就只是个普通消费者而不是消费商。

实践：消费商是这样赚到钱的

消费商的赚钱方式令人惊奇。那么在这里，我们来看看消费商是如何赚到钱的。

1. 通过合作，建立一笔生意

如何在花钱的同时还能够赚钱呢？很简单，你并不需要投资金钱，你需要做的是同一家生产商合作建立一笔生意。每个消费者都拥有时间，都认识一些其他的消费者。因此，根据生产消费者逆向思维，不从产品出发，而从消费者出发，投资时间去向人们分享这个"在花钱的同时还能够赚钱"的生意机会，改变消费者的购物观念和购物习惯，组织消费者进行消费，并教授他们做同样的事情，建立一个生产消费者联盟，一个自用消费型组织，使消费者定向流动至生产商，这样就建立起了一个由终端消费者组成的商品流通渠道。消费者流动的效果和产品流动的效果是一样的，因而生产消费者得以参与流通领域70%财富的分配。生产商将节省出的庞大的广告宣传费和渠道建设费等中间环节的费用，通过非常科学、合理的奖励制度，返还给生产消费者。最关键的是，如果维持住一定的消费额，你的合作伙伴会永远将节省下来的广告费用定期支付给你，这就是被动收入。因此，生产消费者是一个具有双重身份的人，他首先是一个消费者，其次是一个生产者，他通过改变其他消费者的购物观念和购物习惯，组织消费者进行消费，生产出同消费有关的产品，通过更明智的购物选择来创造财富。

例如，两家超市，商品都差不多，价格也没有明显的差别，但如果其中一家实行会员制，你不仅可以在这里购物，还可以推荐你的朋友在这里购物，你的朋友也可以推荐他的朋友在这里购物，享受同样的价格和服务。由于你组织了消费者进行购物，在消费的同时你能够得到奖金，你会选择在哪一家超市购物呢？

又如，我们每天都要使用手机，如果一家移动运营商告诉你，你选择使用他们的服务，并且推荐你的朋友也使用他们的服务，你的朋友推荐他的朋友也使用这家移动运营商的服务，那么运营商会将节省出来的广告费用作为奖金返还给你，你是否愿意同这家移动运营商合作呢？

再如，你经常要给汽车加油，如果一家连锁加油站告诉你，你来这里加油并且推荐你的朋友来这里加油，他们也推荐他们的朋友来这里加油，这家加油站也会将节省下来的广告费用作为奖金返还给你，你是否愿意来这里加油呢？

这里有两个问题需要解决，一个是找到支持这种营销方式的产品供应商，以及生产消费者们的合作伙伴，如果他不销售产品或者不建立商品流通渠道是最理想的；另一个很重要的问题就是如何建立生产消费者联盟，采用什么方法去建立，使用什么工具建立，这就是培训系统的价值。

2. 明确自己的目的

你需要问自己几个问题：你真正想要拥有的是什么？折扣还是自由？自由需要两个条件来保障——足够的金钱和时间。你是愿意在一家为了吸引顾客而花费数百万美元请明星做广告的折扣公司购物，还是愿意在一家不做广告，而将这些钱以奖金的方式支付给生产消费者的公司购物呢？你是愿意让自己缓慢地变贫穷，还是愿意让自己快速地变富裕呢？如果能够以公道合理的价格购买优质的产品和服务就有机会实现财务自由，你是否愿意改变你的购物习惯呢？

提升：如何成为优秀消费商

成为一名优秀的消费商，应该注重两个方面的提升：一是把握趋势，顺势而为；二是用儒商精神规范自己的行为。

1. 把握趋势，顺势而为

要成为消费商，先读懂趋势。什么是趋势？当前一个最重大的趋势就是中国正在进入共生经济时代，这是新的趋势，也是下一个时代红利。共生经济的本质是共生、共享、共赢、共富，这是合作创新的内在依据，它决定合作行为的可能性、效率、体制、组织形态和演变方向。在共生经济时代，消费者成长为消费商将是一场浩大的商业革命。在共生经济时代，你做了什么？对这个趋势，能不能把握？敢不敢顺势而为？回答都应该都是肯定的。我们需要不断更新消费观念，不要再一味贪图便宜地消费，而要追求有智慧地消费，成为一名优秀的消费商。

把握趋势、顺势而为，做一个优秀的消费商，将使你拥有诸多好处：健康在消费中获得；美丽在消费中拥有；投资在消费中完成；事业在消费中发展；财富在消费中积累；快乐在消费中体验；能力在消费中提升；梦想在消费中达成。

2. 用儒商精神规范自己的行为

优秀的消费商行为还应大力提倡儒商精神。何谓儒商精神？

第一，儒家思想最重要的一点就是诚信为本，诚信做人、诚信做事，它是儒学伦理思想的重要范畴之一，更是消费商规范商业行为的一个重要原则，泛指童叟无欺、讲信用的品德。

第二，"仁"是儒家伦理哲学的中心范畴与最高道德准则。仁者爱人，仁者从仁，"仁"体现了人与人的关系，是在尊重关怀他人的基础上获得他人的尊重和关怀。

第三，义与利的关系同样是商家与消费者常常遇到的一个关系问题。儒家伦理强调的是先义后利，见利思义，以义求利，主张取之有道，不发不义之财，不做不义之事，坚决反对不仁不义，重利轻义，见利忘义。

第四，以智取胜同样是儒家伦理的一个重要范畴，"智者、才智"，"言智必及事"，"待物为智"。对万物的认识依赖于智，企业经营过程中，最重要的是以智取胜，绝不是以骗取胜。

对于消费商来说，上述儒商精神都应该是贯彻始终的。比如以智取胜，消费商要做到以善取胜、以亲和力取胜，将和谐、亲和力、真诚、善良作为制胜的法宝。

第五章　消费创富案例：
那些脑洞大开的消费商

　　消费创富是一个双赢过程，现实中有的企业和个人通过消费创富使自己获得了收益的同时也为合作方及第三方创造了创富，比如惠众在线、"悦花越有"电商平台、赶利网、中纵联联、转乐赚等。它们的成功实践证明：想为自己和家人创造出更多财富的普通人，不必停止消费，只需开始生产消费，并以此来创造更多的财富，这样就可以走向财务自由之路。

惠众在线：倾力打造产业融合消费增值平台

惠众在线是浙江惠众在线互联网科技发展有限公司倾力打造的一个消费者、联盟商多方共赢的产业融合消费增值平台。以消费资源为经营内容，以服务大众，普惠民生，促进消费，拉动经济，助力中国梦为使命。秉承消费资本投资的理念，落地运营惠众云端商业生态系统，创新商务生态，创新发展模型，致力于打造一个全产业、多维度、全生态的跨界众创、共享创富平台。

1. 公司获得殊荣

浙江惠众在线互联网科技发展有限公司成立于 2016 年 6 月，旗下的惠众在线商城与知名国内外品牌代理商及厂家合作，向消费者提供低价优质、受欢迎的品牌正品，商品囊括时装、配饰、鞋、美容化妆品、箱包、家纺、皮具、香水、3C、母婴等。公司本着"技术可靠、资金安全、操作方便、服务全球"的经营理念，"合法、合理、诚信、共赢"的基本原则，"公开、公平、公正、分享、感恩"的行为准则，落地运营惠众云端商业生态系统，致力于打造一个全产业、多维度的跨界众创、共享创富平台。

该公司继为"'一带一路'国际合作高峰论坛"献礼而协办

2017 年 5 月 5 日北京鸟巢 "'一带一路'歌曲全球首发发布会"
后，再次获得新殊荣。即惠众在线获得 "2017 中国十大商业模式
创新奖"及"中国最具投资价值消费创富平台"，而董事长王君荣
获 "2017 创新中国行业十大榜样人物"。

本次奖项是为了深入贯彻中央中共、国务院《国家创新驱动发
展战略纲要》精神，落实中央经济工作会议提出的 2017 年作为供
给侧结构性改革的"深化"之年，牢牢把握创新发展作为"第一
动力"的工作部署。由经济日报中国经济信息杂志社、国家发展改
革委宏观经济管理编辑部、对外经济贸易大学中国国际品牌战略研
究中心与科博会中国信息化融合发展创新推介活动组委会联合发起
举办的 "2017 中国创新与经济融合发展大会暨创新成果推介活
动"，定于 2017 年 6 月在北京召开。

惠众在线获此殊荣不单是自身拥有良好的创新商业模式，更重
要的是惠众在线是符合中国新时代发展需求应运而生的平台。本次
"2017 中国创新与经济融合发展大会暨创新成果推介活动"系列榜
单将借助新媒体全网舆情监测数据支持基础，结合经济学家、品牌
学者与众多行业机构、主流媒体的评价意见综合评定产生。这也代
表着惠众在线作为一个新兴平台已经被广大群众所认可。

2. 惠众在线的共享共创模式

作为全国首创的颠覆传统商业模式的消费创富平台，惠众在线
在全力延伸并不断完善"互联网 +"产业链条。那么，惠众在线是

怎样在分享经济的背景下做到共享共创的呢？

在互联网时代，广大消费者的消费需求走向了专业化、精细化，并且朋友之间的推荐和口碑传播成为消费新的推动力。想要抓住这笔财富，就要让消费者们成为享受这笔红利的一员，并且能够从中不断拿到真正的实惠，才可让消费者认同惠众在线。惠众在线正是发现了共享经济中巨大的利润空间和百年一遇的市场机会，当机立断地加入了"互联网＋"分享经济的浪潮中。而且，惠众在线致力于颠覆传统消费观，让消费者能够创富，而不是仅仅让企业富裕起来。惠众在线将每一位消费者的消费变成了利润，使他们能够获得消费红利。

共享经济可以降低大众创业门槛，让更多的人参与到创业创新活动中，为"大众创业、万众创新"注入新活力。互联网时代的共享经济，使得人们不仅可以享受优质的精彩生活，在享受共享经济带来的红利的同时，也为自己创造了财富，人们的生活消费方式从"工作赚取消费资本"转换为"分享赚取消费资本，消费本身即是资本"。每个人身边的资源和朋友都不同，这就意味着每个人都有赚取更多财富的可能。例如，假如你加入了惠众在线平台，可以让你的消费既是花钱又是赚钱，让你的小分享悄悄变成大雪球，财富增值超出你的想象。

3. 惠众模式对消费商概念的诠释

很多人片面地看到消费商的返利，不理解平台靠什么维持下去，所以对这些第三方平台均持怀疑态度，但就惠众在线这个平台看，它身上有着众多的盈利点。惠众在线将钱返还是有一个过程的，并不是你今天消费了多少就立刻返你多少，惠众将汇聚起来的交易额按照一定速度给消费者返现，巧妙之处在于其资金来源是大管道进、点滴而出。相比于团购，惠众模式不管是对商家还是对消费者，都更具吸引力，因此平台上众多的代理商与联盟商家都为惠众带来可观的现金流。平台将拥有大数据，对大数据的有效运用，将产生很多的附加值，会员费、代理费、项目合作等，都是惠众在线的收益。

供给侧改革强调优化经济结构，惠众在线在保持巨大市场上升空间的同时，也紧紧跟随着这一指导政策。惠众在线平台吸引的众多商家与消费者为"去库存"这一目标缓解了压力，而相比于其他电商平台，成本的优势又为供给侧改革推波助澜，供需关系的改善以及绿色经济的倡导都使惠众在线得以可持续性发展。

惠众在线强大的实力是对消费商这一概念最好的诠释，也是对每一位消费者有力的承诺，更是出于一种社会责任感为推动共享经济而努力。从消费者到消费商这一角色的转变，消费者变为资本，切实解决了消费者与商家之间的博弈关系，真正做到了将消费变为一种职业，一种对商家的投资，实现三方参与、多方共赢的局面，让消费者敢消费，能消费，愿消费，从而拉动国家经济增长，提升国民的幸福感指数。

在消费商之前曾出现经典的传统经销商，进入电子商务时代产生网商，每一个时代新身份的产生适合不同人群的发展，同样都实现了不同层面人的成就。惠众在线消费商模式的不俗表现，昭示着消费商在未来具有强大的生命力，在颠覆消费观的同时必将有一番大的作为。

"悦花越有"电商平台：全新的 B2B2C 商业模式

2016 年 11 月 27 日，由北京中合农发企业管理有限公司推出的全新消费模式应用的"悦花越有"电商平台正式在北京国家会议中心上线，这是我国自主研发的打通供应链金融上下游、连接各类支付平台的管道经济典型样本，此举标志着首家中国创新企业开创了移动互联网新的创业模式。

1. 公司的运营模式

北京中合农发企业管理有限公司的长期战略规划是打造一家顶级的大数据公司，建立起普惠民生与消费增值的高效畅通信息高速公路，构建全新的 O2O 电商 3.0 平台；利用"2 + 1"模式，即"消费系统 + 分享系统 + 积分系统"打造消费智慧生活；用互联网思维去运营线上、线下平台，一切以用户体验为中心；用互联网思维帮助商户打破时空限制，改变传统的生产经营模式；以创新的商业模式联合商户，为消费者提供优质的消费体验。

具体工作落实将通过扶持优秀的入驻商户及用户开设"悦花越有"品牌社区实体店，并为他们配套全面的品牌输出、铺货支持、物流配送等服务，通过物联网技术整合自营物流体系、配置个体分享型物流员体系，以及与各大物流企业的现有系统广泛对接合作，切实解决老百姓便利生活的最后 100 米配送问题。"悦花越有"电商平台未来还将匹配权威征信系统，由总公司提供背书为"悦花越有"实体店配套流动资金贷款。助力双创、扶持"三农"，充分运用互联网技术，深度结合现实国情，为国为民做实事。

2. "悦花越有"的优势

"悦花越有"的优势体现在以下几方面，如表 5 - 1 所示。

表 5 - 1　"悦花越有"的几种优势

事项	内容
商城优势	"悦花越有"商城是一个全行业覆盖的综合性购物网站，它整合了全球品牌商、生产商、消费者，依托供应链系统，以供应链管理、投消者创富、"互联网＋"、分享经济等为理论依据，采用移动互联网科技、物联网技术等，在不改变消费者消费习惯，不改变商家经营方式的前提下为他们搭建一个更好的桥梁，有助于形成和谐共赢的关系
空中课堂	"悦花越有"将开通空中课堂等模块，未来还具有16种语言界面，3秒钟即可切换。通过"悦花越有"的会员在线交流，消费者花原本该花的钱，分享原先得不到的收益；商家企业可达到低成本促销，增加销量，去库存，提升知名度的目的，注入不竭的资本动力
核心价值	"悦花越有"的核心价值在于多方共赢：对国家，盘活商品流通、拉动内需；对百姓，增值消费；对企业，推动生产发展、建立大数据库、形成消费数字资产；对商家，低成本营销、去库存、增加商品流通活力、提升知名度、注入资本动力；对经济，探索经济创新、促进经济增长

续表

事项	内容
供应链优势	北京中合农发企业管理有限公司将专注于核心业务，以市场需求为动力，采用绿色供应链管理，将制造商、供应商、仓储中心、配送渠道等有效地进行合理配置，最大限度提升用户满意度，降低公司运营成本
发展前景	"悦花越有"以现代信息技术为手段，以企业的核心竞争优势为中心，实现线上、线下相结合的全球化的采购、全球化的组织生产和全球化的销售

作为一个为响应政府号召应运而生的引领全新消费模式的全球性消费大平台，"悦花越有"的研发，可谓给广大消费者带来一个颠覆性的新消费模式：不仅可以让消费者享受"消而不费"，还去除了商品的流通环节，优化了消费者的消费环境。"悦花越有"强调以更严的标准和要求强化商品质量，促进消费品质量提升，严惩假冒伪劣、价质不符等行为，维护消费者权益，让消费者放心消费。"悦花越有"将秉承"开放兼容，诚信为本；共创共赢，和谐发展"的企业理念，致力于成为一个企业、经营者、消费者三方共赢的平台。

赶利网模式：成就消费创富梦想

随着市场的开放，好产品多起来，我们想在哪家购买和想买什么东西，有了可选择的空间，有了充分的决定权。因此，对生产商和流通商来说，消费者已成为经济活动的核心，这里面蕴藏着巨大的财富，拥有无数的商机。赶利网把握商机，打造消费新业态，成就消费创富梦想。赶利网公司通过了可信网站验证管理机构认证，被成功收录至可信网站验证管理机构档案库，目前是全国"分享型导购旗舰平台"，网民验证并认可的良心的导购平台、放心网站。

1. 赶利网导购平台概述

赶利网是成都天和联电子商务科技有限公司国内首创分享型网络导购平台，与 500 多家 B2C 及 C2C 网上商城合作，提供网上购物返利。该平台是为顺应国家"互联网 +"宏观战略，立足中国、辐射全球的创新驱动型大型电商企业，坐落于 11 个国家级新区之一的天府新区公司，依托国际领先的技术实力，覆盖全国以及十余个国家和地区的业务网络，致力于构建和服务大众智能生活方式。赶利网以整合国内外异业资源，建立跨界社区服务平台为基础，形成"一店共享、万店利润，一人共享、万众消费"的新型异业连锁经营业态，实现零成本关联扩张、消费与经营、就业与创业、利益与价值等诸多要素的融合共生，建立中国乃至全球卓有影响的跨域跨界社区联盟。

赶利网开创的跨界整合、异业联盟、消费创富的智能互联网社区服务平台，既符合当今"稳增长、促改革、调结构、惠民生"的宏观经济政策，也切合社会各领域各阶层的实际需求。将传统店铺经营、电商经营与大众消费融合进互联网智能社区，让消费者与商家之间、商家与商家之间共生共享、互利共赢，必将引领未来人们的智能工作及生活方式、促进普通商家及大众融入全球一体化生活圈。

赶利网将在五年内聚集 300 万商家、3 亿～5 亿的消费群体，建立 3000 个国内服务中心及 500 个海外服务中心，基本完成跨界整合，实现高度发达的"人·商·智能联盟"，共享全网巨额财富。成为创造就业岗位 10 万个、营收超百亿元、利税过十亿元的千亿级上市企业。

2. 赶利网运营模式解析

陈瑜的"消费资本化"理论认为，消费者在购买企业的商品之后，企业应把消费者的消费视作对企业的投资，并按一定的时间间隔，把该企业利润的一定比例返还给消费者。本着这一理念，赶利生活网通过整合网上购物资讯，力求为用户提供最及时、最完善、最实惠的网上购物信息及服务。用户通过赶利生活网在各大网上商城购物，赶利生活网便可以从网上商城获取一定比例的销售提成，再把这些提成与用户分享。

赶利网是网民创业的最佳平台：不投资，不开店，不囤货，不开会，不做物流，不用做售后服务，没有时间限制，没有业绩压力，只有电脑即可。其操作非常简单，用户购物时先注册赶利网账号，然后用自己的账号登录赶利网，登录以后直接在赶利网首页搜索框搜索商品名称即可，搜出来的商品全都有返利。比如你要买鞋子，你就在赶利网的万能搜索框中输入"鞋子"，然后搜索，这时就会直接跳转到淘宝网，我们只需要在搜出的商品中选择自己喜欢的宝贝去购买，就可以得到返利。买下一个宝贝的时候也要记得再一次从赶利网搜索框里搜索，否则没有返利。

赶利网模式很简单：第一，免费注册赶利网会员后自然消费可以省钱；第二，商家引导消费者注册赶利网会员，商家就可以赚取三百六十行的钱；第三，签约商家，自己去消费可以省钱，赶利网其他会员去消费你就可以赚钱；第四，三百六十行所有的店铺和商品都可以免费入驻赶利网。

3. 赶利网"消费+创业"模式

赶利网潜心打造创新性网购返利模式，推出"消费+创业"的模式，不仅具有时下流行的网络导购平台的返利功能，还具有自己的独门秘招。只要注册成为赶利网会员的网友，都可以通过赶利网返利客户端或者登录赶利网的链接页面点击至各大网络商城下单购物，赶利网将从这些合作商城中获得一定比例的返利，同时会将90%以上的返利返还给会员。会员如果觉得赶利网好用的话，可以推荐自己的朋友、同事、亲人并使其加入赶利网，创建自己的好友小组，如此一来，会员不仅可以享有购物返利，而且还能享有赶利网派发的好友小组奖励金。

赶利网为了能更好地发展，制定了一个会员制度，同时还制定了一套创业制度，目的是想让更多人知道赶利网。让消费者帮助更多人了解赶利网，同时还能赚取利润。

赶利网的创业很简单，不过举手之劳。把你的赶利网账号告诉你喜欢购物的朋友，他们在注册的时候会有个好友 ID，赶利网账号就是你的 ID，朋友输入你的 ID 以后，就是你圈子里的会员了，你帮助朋友了解赶利网，帮助朋友省钱，因此你就赚钱，并且是终身制的。只要你的这个朋友再次购物，甚至充话费，你都有返利拿。

在众多导购返利平台中，国家行业标准制定单位赶利网以 37.5% 的注册使用率最受网友欢迎，返利网以 23.6% 位居第二，此外，返还网、米折网、比购网分别以 11.3%、6.5%、4.7% 位列第三至第五位。

赶利网最大的魅力就是永远享受所有九代以内会员购物返利的 5%。这个九代以内的会员是可以无限扩展的，你推荐 A 注册，A 是你的第一代会员，A 推荐 B 注册，B 是你的第二代会员……一直到第九代 G，都是你的好友圈。A 可以推荐无数个 B，B 也可以推荐无数个 C……他们都是你的好友圈。好友圈中任何人购物，赶利网都会给你会员购物返利的 5% 提成。按照 10×10 架构复制，第一层伙伴 10 人，第二层 100 人……到第九层已过亿。

中纵联联：众销模式的消费商理念

中纵联联信息科技公司成立于 2015 年 4 月，总部位于国家级

高新产业技术开发区长沙湘江新区麓谷信息港。公司积极响应国家
"大众创业、万众创新"的号召，致力于打造中国移动互联网平台
提供商第一品牌，现开发、运营的平台主要有：联联赚＋联联新生
活——大众创业的生活服务惠购平台；联联看——智慧城市公共安
全保障系统平台。其中，联联赚＋联联新生活平台已成为新兴电商
行业领导者。2016 年 6 月 2 日，中纵联联在美国上市，成功对接国
际资本市场。

1. "人人可为，人人创富"的企业使命

在互联网时代，信息不对称被逐步消除。商品或服务的供需关
系在网络的力量下变得十分清晰透明。于是，精明的商界精英便利
用这个机会在一些高频刚需市场上动起了脑筋，房屋租赁、交通出
行、家政、酒店、餐饮等领域迅速诞生了一批基于分享经济的创新
企业。

其实只需要简单分析一下便可知道，这些企业无非抓住了供需
关系的信息不对称，通过平台将资源租赁方和出租方对接在一起完
成了交易。以目前发展相对成熟的互联网移动交互平台中纵联联为
例，互联网平台的资源共享能帮助节省80％的门店经营成本，在省
去基本的营业成本的同时，信息平台的扩张性和可发展性也能为经
营者提供更大的市场。对于消费者而言，最直观的就是公正透明的
电商平台，它会更好地帮助自己进行价格和品质的对比，也能帮助
有关部门进行更直观的质量、服务、资质的监督。对于消费者、经

营者及社会，这个分享平台给大家的是多赢局面。

如果再往下深探一级，分享经济其实是现阶段人类社会对于传统生产关系的一次调整。在传统商业时代，生产资料因其具有私有性并不能很好地实现共享，社会存量资源的使用效率相对比较低，于是在互联网经济模式的发酵和推动下，分享经济主张通过调整社会存量资源来最大限度地利用产品和服务，完全颠覆了以往不断通过新投入刺激经济增长的传统思路，是一种资源利用效率更高的全新商业模式。当然，事物都具有两面性，除了看到分享经济带来的种种便利，安全、隐私等隐含的风险也需谨慎处理。

根据统计，2014年全球分享经济的市场规模达到150亿美元。到2025年，将达到3350亿美元。作为移动互联网平台提供商，中纵联联也会在掌握这种新经济模式的基础上，顺应市场主流大势，将分享经济向互联网超市、互联网教育、互联网艺术、互联网文化产业等领域大规模渗透。通过多方面的链条式关联，将带动企业发展，促进企业进步，深化企业核心价值观，完成"人人可为，人人创富"的企业使命。

2. 中纵联联众销模式的特色和优势

中纵联联的众销商业模式旨在帮助每一个普通人实现人人有产品，人人卖产品，人人享利益的大众创富梦想。它最大的特点是融合了消费商理念，即消费者也能参与商业利润的分配，从而彻底改变了传统的消费关系。依托移动互联网平台，以"微商城＋消费返佣＋全球分红＋积分考核＋福利激励"良性闭环综合电商模式发展。中纵联联的众销模式特色和优势体现在以下几个方面：

第一，人人可为。"零门槛、零风险、速度快、回报大"，只要一部手机就可参与，除了零碎的时间无须其他投入，轻资产运作，可操作性强，经过努力很快就能见到成效，是真正的"大众创富"项目。

第二，人人平等。平台的规则公平、公正、公开，在这个平台中，每个人享有同样的权利和义务。传统的直销模式也有很多级，当发展到一定的程度时，上面的级别不用付出也会有收益，后加入的只有付出没有回报，不利于整个平台的持续健康发展。

第三，随时随地。任何时间，任何地点，只要有网络就可参与。在等车、休息、喝茶的间隙，每天利用零碎时间就能发展自己的事业。

第四，消费升级——消费者升级为消费商。"互联网＋"已重建"消费关系"。在中纵联联的"联联赚"平台一次消费，成永久消费商。当你帮别人卖产品的同时，别人也在帮你卖产品，买到满意的产品分享给朋友，就能得到分享佣金，这是历史上不曾有过的现象，是只有在移动互联网时代才可能出现的新模式。消费商作为一个全新的商业主体，其独特之处在于：①消费商是全新的机会营销主义者，他给予别人的不仅是产品还有机会；②消费商主导的是"花本来就该花的钱，赚本来赚不到的钱"，带来的是一种全新的利润分配规则；③消费商不需要大投资，没有员工，也不需要管理，是一个零风险的商业主体；④消费商只是在做一个省钱机会 + 赚钱机会的传播者，不负责具体的经营，是最佳的财富自由的经营者；⑤消费商是一个最轻资产的商业模式；⑥消费商可以是第一职业，也可以是第二职业；⑦消费商带来的是一种消费革命，让消费者参与利润分配，让更多人成为消费商，分配更加合理；⑧消费商将成为销售的关键主体，在地位上优越于原来的店铺，是互联网时代的最佳互补。

第五，产品直供。产品越过中间商，直接从生产厂家到达消费者手中，没有中间商赚差价。传统的商业模式中，从制造商到广告商到渠道商，每一层都分去一部分利润，消费者被排除在外。而众销模式中，产品从生产厂家直接到消费者，被广告商和渠道商分去的利润都到了生产厂家及消费者手中，且消费者对产品的反馈能更快到达生产厂家。

第六，持续驱动。有消费返佣、全球分红、进阶分红进行激励，有消费积分进行考核，有福利项目让资金循环流动，最终形成一个良性闭环的可持续发展模式。

第七，众销模式佣金。平台消费商可以发展无数级，但只有前三级参与返佣，佣金提成比例为：一级 40%，二级 10%，三级 50%（比如，卖出一件产品的分配佣金为 100 元，那么，一级消费商提成 40 元，二级消费商提成 10 元，三级消费商提成 50 元）。平台将对所有商品的具体消费佣金统一公布。

第八，中纵联联众销模式中各等级消费商条件和分红，具体规定如表 5 – 2 所示。分红统计时间是每天的 17 时至 18 时。

表 5 – 2　中纵联联众销模式各等级消费商条件和分红

事项	条件	分红
普通消费商	商城一次性购买产品 298 元以上（购物车结算金额 298 元以上也可成为普通消费商）	终生享有商城消费商资格，并终生享有三级消费商的推广佣金
VIP消费商	商城一次性购买产品 1980 元以上，一个 VIP 消费商等同于 5 个普通消费商	终生享有中纵联联商城 VIP 消费商资格，并终生享有三级消费商的推广佣金
高级消费商	第一级消费商到 30 家普通消费商或第一级消费商达到 6 家 VIP 消费商，消费佣金达 4000 元	在高级消费商的基础上，积分低于 15000，终生参与分享营业额 2% 的分红；在高级消费商的基础上，积分高于 15000，但未达到积分排名千分之二，终生参与分享营业额 3% 的分红奖励；另外满足积分排名达到千分之二以内，终生参与分享营业额 4% 的分红奖励；另外满足积分排名达到千分之一以内，终生参与分享营业额 5% 的分红奖励
特级消费商	当通过消费商晋级时：会员三级内消费商共计达 800 家，同时，消费佣金达 5 万元；当通过 VIP 消费商晋级时：第一级内 VIP 消费商达到 200 家，或三级内消费商达 800 家（同时红米效益 200 元，消费佣金达到 5 万元	在特级消费商的基础上，积分低于 200000，终生参与分享营业额 6% 的分红奖励；积分高于 200000，但低于积分排名万分之二，终生参与分享营业额 7% 的分红奖励；另外满足每日积分排名达万分之二以内，终生参与分享营业额 8% 的分红奖励

事项	条件	分红
理事级消费商	当通过消费商晋级时：在特级消费商条件的基础上，另外满足总积分达到180万，总佣金达到120万元，第一级消费商有30名高级，三级消费商总数5000家，积分排名达五万分之一以内；当通过VIP消费商晋级时：在特级消费商条件的基础上，另外满足总积分达到180万，总佣金达到120万元，第一级消费商有30名高级，三级消费商总数5000家（包含VIP消费商），积分排名达五万分之一以内，同时效益奖金50000元，红米效益2000元	进入平台理事会，参与每月总绩效10%的分红及行使理事会各项权益。理事级消费商分红采用日分月结的方式

第九，消费商及VIP消费商晋升等级的条件和分红，如表5-3所示。

表5-3　中纵联联消费商及VIP消费商晋升等级的条件和分红

级别	积分要求	不包含VIP消费商晋升条件		VIP消费商晋升条件		参与分享公司营业额的分红比例（%）
		效益奖金	红米效益	效益奖金	红米效益	
普通高级消费商	<15000	0	0	0	0	2
高级消费商	≥15000，但未达到积分排名千分之二	0	0	0	0	3
进阶二级高级消费商	积分排名达到千分之二以内	0	0	0	0	4

续表

级别	积分要求	不包含 VIP 消费商晋升条件		VIP 消费商晋升条件		参与分享公司营业额的分红比例（%）
		效益奖金	红米效益	效益奖金	红米效益	
进阶一级高级消费商	积分排名达到千分之一以内	0	0	0	0	5
普通特级消费商	<200000	0	0	0	200	6
特级消费商	≥200000，但未达到积分排名万分之二	0	0	0	200	7
进阶特级消费商	达到积分排名前万分之二以内	0	0	0	200	8
理事级消费商	达到积分排名前五万分之一以内	0	0	50000	2000	10

第十，佣金提现。一是为确保每一个消费商能快速、稳定、安全地获得应有的佣金，公司定于每周一至周五的任意时间进行佣金提现处理，下周相应时间到账（比如，本周一提现下周一到账，本周二提现下周二到账，以此类推），每个 ID 号每周仅限提现一次。周六、周日不能提现。提现金额必须为 50 元的倍数。二是所有级别消费商的积分和营业额统计均以每天平台系统时间 17 时的统计结果为准。

转乐赚：体验极致产品，分享极致体验

江苏转乐赚科技发展有限公司推出了转乐赚消费商平台系统，为人们从消费者到消费商转变提供了平台。这个平台颠覆了传统的电商平台、微商等各种现有的商业模式。转乐赚消费商平台系统，可消费极致的产品、分享极致的体验。通过你的分享和传播，把原来商业系统中分配给代理商的利润返还给消费者，即可轻松完成由消费者到消费商的转变。

1. 转乐赚移动社交电商平台

2016 年 6 月 20 日，中国"互联网＋"移动社交的智慧千人高峰论坛暨转乐赚移动社交电商平台上线发布会在南京盛大召开。在当前市场经济进入发展改革的深水区，新兴的产业模式正在不断革新，转乐赚移动社交电商平台这种新兴的电商模式正在吸引越来越多的关注。

转乐赚 APP 是中国第一款帮助商家拓客、管理营销顾客的移动社交软件，也是一款能为消费者创造品质生活的移动电商软件。消费者可用普通的价位去享用极致的产品和服务平台，消费者先免费使用试用装，不满意 7～15 天无条件全价退换货，当消费者感觉产品确实质优价廉就可以分享给自己的朋友，因为分享获得了原来传统代理商、广告商、电商平台的利润，惠己达人，品质共享，分享创造了价值。

转乐赚 APP 社交功能主要有自由论坛、朋友圈静态图片、群聊等，升级开发的功能包括即时通信、语音聊天、摇一摇、朋友圈动态图片、小视频、短视频、直播等，既可以尽情进行朋友间的全方位互动，又可以方便商家对客户做极致的服务，还可以造就社群意见领袖，便于相互"整合资源"、深耕"分享经济"的平台。

转乐赚 APP 是国内第一款真正意义的移动社交电商平台软件，移动社交电商是未来的趋势所在。作为当前移动社交电商模式的先行者，转乐赚的运营方式是不投入一分钱，用户把体验极致产品后的美好感觉通过发红包的形式分享传播出去，把健康、美丽、成功和爱带给身边的每一个人，然后转乐赚平台将原来传统代理商、广告商、电商平台的利润返还给消费者，消费创造价值，惠己达人，品质共享，这也是未来电商发展的大趋势。

首先，互联网是一个工具，极大地提升了人际网络发展及沟通效率和资源使用效率；其次，互联网是思想本质的本源回归，而转乐赚移动社交电商平台更看重的是后者，它践行和传播着中国传统文化的仁、义、礼、智、信，"仁心爱人"和"道法自然"，大乘佛法慈悲心和禅智慧等"爱"的文化。对此，转乐赚移动社交电商平台相关负责人解释说，这种思维模式可能看似与当今激烈的互联网电商平台的竞争格格不入，但其实这是移动社交电商发展的核心所在。回归人的角色本质，产品只是一种媒介，当消费者把自己消费产品后的感受分享传播时，这是在传播正能量，分享生活中的感动。在转乐赚平台里，每一个人都可以创造奇迹，大家赢得的不仅是利润，更是一种平等与尊重。该负责人还表示，在当前移动互联网经济大行其道的时代，传统的电商弊端已经越发凸显，各大电商平台纷纷布局移动终端。而且伴随着微信等移动社交工具的火爆，很多人开始寻求在朋友圈卖商品，这群人就成为人们口中的微商。微商的发展历程已经走过几年，有得有失。但不管怎么说，传统电商疯狂烧钱引流的模式是不符合人性、不符合商业规律的，移动社交电商正呼之欲出，将成为电子商务不可逆转的发展趋势。

移动社交电商平台的最终生命力在于能够给消费者提供极致的产品和极致的服务，在于能够给更多的人创造品质生活，在于能够真正实现大众创业、平民逆袭。其运营的生命就是"极致的产品"和"极致的服务"，用"神经质"似的工匠精神做出奢侈品品质、普通价位的产品，用户至上，体验为王。平台的落脚点在于朋友之间的分享，而要达到让人分享的目的就必须投入匠心去做好每一个细节。只有好产品，人们才会去分享，只有不断地分享，才会不断地产生利润的分配点，这也是移动社交电商发展的根本所在。此次转乐赚移动社交电商平台召开盛大的上线发布会，更希望可以带动互联网经济的健康发展，为更多的人创造品质生活，也希望唤起互联网从业者的共鸣，积极支持、投入到新兴的电商平台模式发展中，共同建立一个良好的互联网经济发展环境，携手为消费者创造品质生活而努力。

2. 转乐赚的消费商系统

转乐赚消费商平台，只因分享传播，消费者变身消费商，每一位消费商无须进货囤货。如果你有理想、有抱负、有创业梦想，只要你加入转乐赚消费商系统，你将会在消费的同时拿到提成，实现创业的梦想，从而获得一个非常圆满的人生！

你在注册转乐赚 APP，提交申请后，转乐赚消费商平台的后台会收到你的提交。成为转乐赚店家代理商后，你会享有转乐赚消费商平台给予店家所有产品 5% 的销售利润。同时，你还可以在平台上发放红包代金券（美容卡，养生卡等）给你的朋友或客户，当你的朋友点击领取红包，那么他就是你的一级消费商（返利 20%）。同样，当你的朋友也转发红包给他的朋友，那么他的朋友就是你的二级消费商（返利 10%）。转乐赚消费商平台把原来分配给各级传统代理商的利润直接返利给你，在实现产品销售的同时，帮助店家拓展客源。用户在领取完红包后，APP 有一项卡券验证，用户到店验证即可使用。

下面介绍一下转乐赚消费商系统的具体使用流程。

假如你把转乐赚 APP 消费商平台推荐给你的 60 个朋友，那么这 60 个朋友就是你的一级消费商；如果这 60 个朋友像你一样推荐给他们的 60 个朋友，那么就是 60 人 × 60 人 = 3600 人，这 3600 人就是你的二级消费商。

转乐赚消费商平台系统为了感谢消费者的分享，把原来分配给各级传统代理商的利润返还给了消费者。比如，当每一位消费商平均在 APP 转乐赚消费商平台上消费 2000 元时，这位消费商就得到了：60 人（你的一级消费商）×2000 元×20%（返还利润）＝24000 元；3600 人（你的二级消费商）×2000 元×10%（返还利润）＝72 万元。总收益是 24000 元（一级消费商返利）＋72 万元（二级消费商返利）＝74.4 万元。

玩转乐赚就是这么简单，你从头到尾只是把 APP 转乐赚消费商平台推荐给你的 60 个朋友，最后你却得到了近 100 万元的收入。更疯狂的是这个收入还在更快、更多地裂变倍增，真正地让你轻松赚大钱。这就是转乐赚消费商的魅力所在。

人人天使消费众筹：消费用户＋线下实体消费＋（免费）O2O 互动

2016 年 4 月 23 日，由人人天使投资控股集团主办的"星光大道·王者归来"冠军群星演唱会太原站在太原滨河体育中心举行。以此为契机，人人天使消费众筹将会正式落地龙城太原，随后将会引爆全国万亿消费市场。

1. 众筹与消费众筹的不同之处

众筹，译自英文"Crowdfunding"一词，为大众筹资、群众募资之意，最早源于西方。不过需要指出的是，虽然由于近年来发展得风生水起才为大众所熟知，但众筹其实并不是什么新鲜事物。不需要追根溯源，著名的美国自由女神像就为我们贡献了一个众筹的经典案例：其底座就是由著名新闻人普利策于1885年发起众筹，超过12万人次参与集资，最终完成建造的。在这一典型的众筹案例中，商业与慈善目的兼具，很大程度上表明，众筹的商业模式属性可以说是与生俱来的。

众筹作为一种"大众"筹资模式并没有被遗忘，反而随着时代的发展进步而焕发新生。平等、开放、共享、协作的互联网精神，让众筹作为一种商业模式真正走向了大众化。

现代意义上的众筹（即我们现在所指的"众筹"）兴起于美国。当时，美国正处于"后危机时代"，国内大量中小微企业融资困难，缺乏行之有效的融资渠道与融资方式，尽管美联储对此采取了量化宽松的政策，但在危机中遭受重创的美国银行业对发放贷款慎之又慎，让很多企业根本无法获得融资贷款。在这个大背景下，众筹融资应运而生，以一些知名平台为先驱，众筹平台开始在全球范围内大量涌现。

在当今互联网技术不断普及与投融资本的核心价值被削弱的背景下，众筹以其开放性与大众化的特征，迅速填补了银行等传统金融服务机构留下的融资渠道空白，不仅可以满足小微企业的融资发展需求，还能使众多普通投资者以小额投资参与支持企业创新创业，进而享受回报收益。在这种商业逻辑的驱使下，众筹于2011

年进入我国，经过不温不火的几年之后，众筹作为一种商业模式开始变得炙手可热。特别是在国家相继提出"双创"（大众创业、万众创新）、"四众"（众包、众扶、众筹、众创）之后，众筹作为一种商业模式受到了来自创业者甚至是资本界的关注和青睐；而且，作为一种普惠金融形态，众筹的价值也得到了特别的彰显。与此同时，各类商业模式的创新也滚滚而来。

人人天使消费众筹，便是基于众筹融资的一种商业模式创新设计。消费众筹，面向消费服务领域，围绕消费者这个核心要素，以线上平台为导入口，以线下体验为价值连接点，帮助企业从大量碎片化的日常生活消费活动中寻找商机。消费众筹模式下，一方面，企业通过众筹的模式迅速积累消费者，实现早期融资发展，建立一种初始信任；另一方面，依托人人天使线上线下的优势资源，结合免费的商业模式，以高附加值的消费回报设计让消费者的消费行为实现增值，增加黏性，不断拓展消费空间与市场渠道。

2. 人人天使的消费众筹模式

如今我国消费市场已经发生了巨大变化：新的消费内容大量涌现，人们的消费场景渐趋丰富，消费方式与服务模式正与互联网深度融合，这一系列的变化对人们的消费需求、消费行为甚至消费习惯都产生了深远影响。在这个大背景下，人人天使以消费者新的消费需求为导向，结合众筹金融的特点，运用"免费"的互联网思维，创新设计了消费众筹模式。

线上导入消费用户＋线下实体消费＋（免费）O2O 互动提升体验，人人天使消费众筹通过商业模式的创新实现了传统生活消费与互联网金融的双向贯通，构建了一个拥有大量高度黏性用户的持续、稳定的消费生态闭环。

普惠小微金融，重塑商业模式。伴随着"星光大道·王者归来"冠军群星演唱会太原站活动的全面启动，人人天使携消费众筹模式正式亮剑 2016 年，通过邀请、吸引全国各地志同道合的合作伙伴加入，积极谋篇布局，直指全国万亿生活消费市场。人人天使将以自己的企业使命与社会担当，通过商业模式创新惠及更多小微企业，以一份绵薄之力推动消费转型升级，促进我国消费驱动型经济的形成与发展。

消费众筹是在消费者原本消费的基础上，加入转介绍环节，让消费者带动企业经营，达到使企业生意变好的目的，从而使企业实现几何式的裂变增长。同时，消费者作为消费众筹股东能够分享企业经营的红利，实现消费者和企业共赢的局面。

其实，消费众筹的行为早已存在，只是人们忽略了这个概念。比如，你买了一件物美价廉的衣服，跟你的同事、朋友说了后，他们不知在什么地点，你就带他们去购买。也就是说，你引导了消费。但是，卖衣服的老板没给你任何好处，最多算帮了朋友一个忙。此时，你的行为已是一个人人天使消费众筹转介绍的行为。不过，你没有赚到一分钱，只是一种没有收益的商业行为。

参考文献

［1］陈春花：《经营的本质》，机械工业出版社 2013 年版。

［2］宗毅、小泽：《裂变式创业》，机械工业出版社 2016 年版。

［3］徐杰：《共生经济学》，中共中央党校出版社 2015 年版。

［4］刘茂才、庞博夫：《创富新思维——消费商时代》，中国经济出版社 2012 年版。

［5］陈瑜：《消费者也能成为资本家》，广西科学技术出版社 2006 年版。

［6］刘克明：《返利经济》，经济科学出版社 2005 年版。

［7］林宗伯：《热迷行销》（第 1 版），中国纺织出版社 2006 年版。

［8］［日］三浦展：《第四消费时代》，马奈译，东方出版社 2014 年版。

［9］［美］迈克尔·所罗门：《消费者行为学》（第 10 版），卢泰宏译，中国人民大学出版社 2014 年版。

　　[10]　[法]萨伊：《政治经济学概论：财富的生产分配和消费》（第1版），陈福生、陈振骅译，商务印书馆1997年版。

　　[11]　[美]梅多斯：《增长的极限》，李涛、王智勇译，机械工业出版社2013年版。

后　记

消费资本化：“全富理论”、“穷人经济学”

陈瑜的“消费资本化”理论被舆论称为“全富理论”、“穷人经济学”。该理论是以中国传统消费思想为基础，吸收和借鉴西方经济学的有关理念，立足于当代世界和中国的社会经济条件而形成的一种新的经济理论。陈瑜自称：这种理论是一种“全富”的理论，它同时为社会构筑了每个富人、穷人都适应的共赢的经济平台。

消费资本的提出引发了我们对货币资本和知识资本的重新思考。在新的市场经济理论框架下，应该是消费资本、货币资本和知识资本三种资本推动着市场经济的发展，而不是单一的资本在发挥作用。也就是说，当下的经济增长方式应该是“消费资本导向、知识资本创新、货币资本推动”的三种资本融合、三种资本联动的新型经济增长方式。尤其是在消费升级的前提下，消费资本应该起到导向作用，引导别人的意义在于打造消费者联盟，引导自己的意义在于使自己从普通消费者变成消费商。

　　"消费资本导向"为消费投资和消费创业提供了完备的引导机制。如果读者朋友能够参透其中的奥妙，那么，改变消费观念、指导消费行为、成为消费商人、创造人生财富，都将逐步得以实现。事实上，这也是本书的期盼。